"한 장" 보고서 작성 실무

한 장 보고서 작성 실무

초판 1쇄 발행 2024년 9월 27일

지은이 정성진
펴낸이 장현수
펴낸곳 메이킹북스
출판등록 제 2019-000010호

디자인 이정아
편집 이정아
교정 강인영
마케팅 김소형

주소 서울특별시 구로구 경인로 661, 핀포인트타워 912-914호
전화 02-2135-5086
팩스 02-2135-5087
이메일 making_books@naver.com
홈페이지 www.makingbooks.co.kr

ISBN 979-11-6791-587-0(13320)
값 18,000원

ⓒ 정성진 2024 Printed in Korea

잘못된 책은 구입하신 곳에서 바꾸어 드립니다.
이 책의 전부 또는 일부 내용을 재사용하려면 사전에 저작권자와 펴낸곳의 동의를 받아야 합니다.

홈페이지 바로가기

메이킹북스는 저자님의 소중한 투고 원고를 기다립니다.
출간에 대한 관심이 있으신 분은 making_books@naver.com로 보내 주세요.

공직 35년 경력 사례 중심 구성
한 장 보고서 작성 실무

1 2 3
한장 두줄 삼단

원칙

이 책에 나오는 보고서 사례는 각 기관 누리집 등에 공개된 자료와 저자가 작성한 자료 등을 각색, 편집하였음을 알려드립니다. 또한, 아래한글 원본 글자체(Font)의 저작권 등으로 인해 이와 유사한 공개 글자체로 대체하였음을 양지하여 주시기 바랍니다.

【목 차】

Ⅰ. 보고서 개념 및 정의   6

Ⅱ. 보고서 종류   11

Ⅲ. 보고서 작성 방법   13
   1 원 칙   13
   2 구 성   19
   3 기 타   22

Ⅳ. 보고서 사례   32
   1 개선계획 보고서   32
     · (만화) 쉬어가기: 공직생활 에피소드1   66
   2 시행계획 보고서   67
     · (만화) 쉬어가기: 공직생활 에피소드2   102
   3 결과 보고서   103
     · (만화) 쉬어가기: 공직생활 에피소드3   136
   ☞ 실습문제(보고서 작성, 30분)   137

※ 참 고 사 항   140
   1) 법령 등 제·개정 방법   141
   2) 공무원도 자주 틀리는 한글 맞춤법   149
   3) 문서작성 팁(아래한글)   153

Ⅰ. 보고서 개념 및 정의

① **윗사람에게 전달하는 상향식 문서를 '보고서'라 한다.**
　아랫사람에게는 '지시서', 수평적 관계의 사람에게는 '통보서', 윗사람에게는 '보고서'

② **'전문서'이고 '서양화'이며 '합주곡'이다.**
　보고서는 여백 없이 꽉 채워져 있는 '전문서', '서양화', '합주곡'

③ **'보기 좋은 떡이 맛도 좋다'처럼 보고서는 보기 좋아야 한다.**
　윗사람이 결정을 쉽게 할 수 있도록 보고서를 보기 편하게 작성

④ **일관성 있게 '제목과 내용이 일치'하여야 한다.**
　제목을 '서울역까지 가는 방법'으로 썼으면, 내용도 '서울역까지 가는 방법'으로 일관성 있게 작성

1 윗사람에게 전달하는 상향식 문서를 '보고서'라 한다.

아랫사람에게 하향식으로 전달하는 문서는 '지시서',
수평적인 관계의 사람에게 전달하는 문서는 '통보서',
윗사람에게 전달하는 상향식 문서를 '보고서'라 한다.
따라서 보고서는 지시서나 통보서보다 더 많은 시간과 노력이 필요한데, 그렇다고 너무 어려운 용어를 사용하여 보고가 제대로 되지 않는 상황이 벌어지면 안 된다. 최근, 어느 언론[1] 에서 언급한 것처럼 보고서는 **중학생 용어**로 쉽게 써야 한다.

---

[1] 한국경제신문(2023.9.20.) : "샘날 정도"…내로라하는 '에이스 공무원'의 필살기는 [관가 포커스], "보고서 1장으로" …스무고개 질문에 고통받는 사무관(v.daum.net/v/4ZnleAxvyr)

2 보고서는 '전문서'이고 '서양화'이며 '합주곡'이다.

보고서는 책으로 말하면 '시'가 아닌 '전문서'이고, 그림으로 말하면 '동양화'가 아닌 '서양화'이며, 음악으로 말하면 '독주곡'이 아닌 '합주곡'이다.

'시', '동양화'와 '독주곡'의 여백의 미와 내포된 의미보다는 **여백이 없이 꽉 차 있고 직설적인** '전문서', '서양화', '합주곡'인 것이다. (하지만, 보고서는 서양화지만 추상화처럼 형이상학적으로 이해하기 어려워선 안 됨)

3 '보기 좋은 떡이 맛도 좋다'처럼 보고서는 보기 좋아야 한다.

8~90년대 처음 공무원을 시작할 당시의 보고서는 수기로 작성하는 형태였고, 글씨를 잘 쓰는 공무원이 인정을 받았었는데 PC로 보고서를 작성하는 현재도 보기 좋고 깔끔한 보고서를 작성하는 공무원이 인정을 받고 있다. 그만큼 그때나 지금이나 '보기 좋은 떡이 맛도 좋다'는 속담처럼 보기 좋게 작성하면 읽기도 편한 것이다.(즉, 윗사람이 결정을 쉽게 할 수 있도록 보고서를 보기 좋게 작성해야 함.)

4 보고서는 일관성 있게 '제목과 내용이 일치'하여야 한다.

35년 공직생활 중 제목과 내용이 일치하지 않는 경우를 무수히 봐 왔는데, 제목은 "내가 부산에서 서울까지 버스 타고 가는 방법"이라 해놓고, 내용은 "친구가 부산에서 서울까지 비행기 타고 가는 방법"으로 제목과 맞지 않게 작성하는 경우를 예로 들어 볼 수 있다.

※ 참고로, 보고서는 2천년대 중반을 기준으로 그 이전엔 여러 장의 보고서가 주를 이루었다면 그 이후엔 한 장 보고서(기관별로 '메모 보고서'로도 호칭)가 대세를 이루었다.

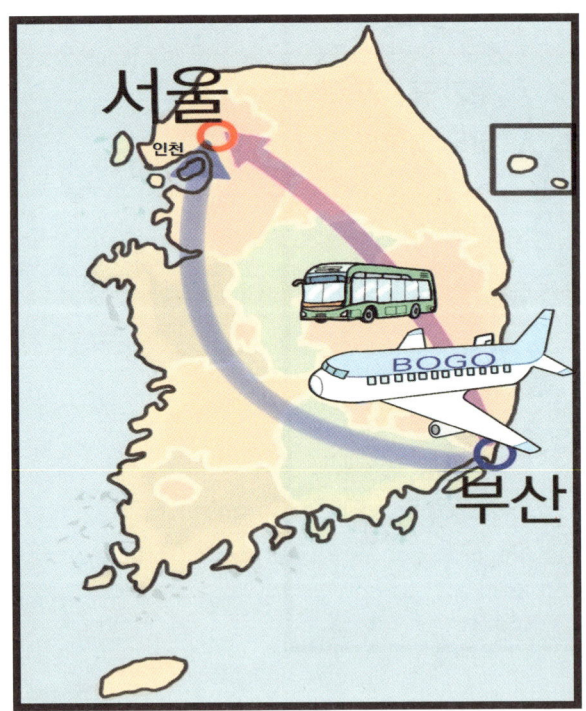

II. 보고서 종류

보고서는 다양한 관점에서 여러 유형으로 나눠 볼 수 있겠지만,

일반적으로 3가지 유형(**개선계획, 시행계획, 결과 보고서**)으로 분류해 볼 수 있다.
  * 일일보고서, 주간보고서 등 시간적 개념의 보고서는 제외

이 중, 문제점 등에 대한 '**개선계획 보고서**'가 공공기관 보고서에서 가장 중요하고 핵심적인 보고서라 할 수 있다.

1 개선계획 보고서(보고서 중 가장 핵심)
 - 정책 등에 대한 계획, 진행, 또는 결과를 보고하기 위한 내용
  * 항공업발전 중장기 추진계획, 농축산물 유통구조 개선계획 등

2 시행계획 보고서
 - 개선계획 등에 따른 후속계획으로 시행이나 조치할 보고서
  * 국가신교통종합계획 관련 2단계 시행계획, 세종시 도시개발사업 실시계획 등

3 결과 보고서
 - 회의·현황·행사·출장 등과 관련된 결과 보고서
  * 경제 선진국 견학 보고서, 해양수산 정책연구 활용보고서 등

※ 기타, 특정한 상황이나 사안, 추진동향 등에 관한 **동향보고서**는 3 **결과 보고서**에 포함

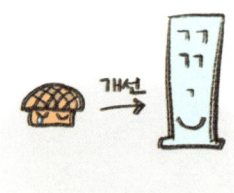

☞ 위와 같이 보고서는 아래 **3가지**를 기본으로 **3단**으로 구성하며, 작성자 및 환경에 따라 약간의 변형 가능

---

1 개선계획 보고서

☐ 현황 및 문제점(또는 추진배경)
☐ 개선계획(또는 추진계획, 추진방안)
　* 기대효과 및 그간 경과는 필요시 여기에 작성
☐ 향후일정(또는 향후계획)

---

2 시행계획 보고서

☐ 개요(근거 또는 배경, 기간, 대상, 예산 등)
☐ 시행계획(또는 조치계획, 추진계획, 추진방안)
　* 기대효과 및 그간 경과는 필요시 여기에 작성
☐ 향후일정(또는 향후계획)

---

3 결과 보고서

☐ 개요(일시, 장소, 참석자, 주제)
☐ ○○결과
　* 기대효과 및 그간 경과는 필요시 여기에 작성
☐ 향후일정(또는 향후계획)

Ⅲ. 보고서 작성 방법

1 원칙(1, 2, 3 원칙)

① **(1원칙)** 최근의 보고서는 개조식(個條式)[2] **1장**으로 작성

▼ 1장으로 작성해도 될 보고서를 2장으로 작성한 사례

임직원 복리후생 관련 상조물품 지원 계획

1 추진 배경

□ 목 적
- 임직원의 비금전적 복리후생 제공을 통한 복지향상
- 직원 사기진작 및 업무 효율성 증대

□ 기본방향
- 예산 범위 내 복지효용 극대화 함.
- 임직원 상조사에 한함.
  * 취업규칙 제32조 관련 별지 1호 기준 [붙임 1 참조]

2 지원(적용) 범위

□ 상조물품 지원 대상 조건
- 대상 : 임직원 (정규직, 비정규직 동일 지원)
- 지원 대상 조건
  - 사규 취업규칙 제32조(경조휴가) 관련 별지1호 중 **사망 사유발생 시 지원 원칙**
- 지원방법 및 지원 한도
  - 지원 대상 조건 원칙하에 부고장(증빙) 제출 시 지원
  * 회당 300인기준 1세트 (규격화11종) / 횟수 제한 無

3 현행 문제점

○ 상조물품 지급 방식의 문제
- 상조 당사자가 직접 물품을 수령하는 것의 현실적 어려움
- 코로나 19 확산 및 사회 분위기 변화로 인하여 동료 직원들이 직접 조문을 가는 경우가 감소, 상조물품 전달의 어려움

---

[2] 개조식 : 보고서 등의 글을 쓸 때에, 앞에 번호를 붙여 가며 중요한 요점이나 단어를 짧게 나열하는 방식

| 4 | 추진 사항 |

□ 경조 상조물품* 지급 개선

※ 물품기준 : 300인 기준, 1인 2BOX(A형:접시류, B형:기타 소모품)

구 분	현 행		개 선		비고
	운영지원팀	항만보안팀 (종합상황실)	운영지원팀	항만보안팀 (종합상황실)	
○ 지급 방식	○ 직원 당사자 직접 수령 및 동료 직원 전달		○ 인천지역 내 - 운영지원팀 ▶물품전달 ○ 인천지역 외 (섬 지역 제외) - 퀵서비스이용물품전달	○ 퀵서비스이용 물품전달	
○ 회사 조기	○ 직접수령 및 동료 직원전달 ▶ 회수 : 본인 직접 반납		○ 물품전달 및 퀵서비스 이용 시 조기함 발송 ▶ 회수 : 본인 직접 반납		
○ 지급 비용	○ 퀵서비스 비용 ▶ 회사 부담 • 소요예상 비용 : 인천지역 내 비용(2만원~3만원선) / 지역별 비용 상이함				
○ 보관 장소	○주중: 2층 운영지원팀(물품창고) ○이외 : 1층 고객봉사실		현행 동일		

| 5 | 행정 사항 |

□ 경영기획팀장 예산 범위 내 반영하여 차질이 없도록 지원할 것.

□ 운영지원팀장/항만보안팀(종합상황실) 상조물품 관리지원에 차질 없도록 할 것. 끝.

② **(2원칙)** 문장은 **2줄** 이내로 하며, 불필요한 단어나 조사 등은 과감히 줄이거나 삭제하고, 다음 줄과 단어·조사가 끊어지지 않도록 적절히 조정

  * 핵심적인 내용만 두 줄 이내로 요약 작성하고, 부가적이고 참고할 사항은 문단 아래 별표(*)로 폰트와 크기를 달리하여 작성(중고딕 13p 또는 맑은고딕 12p)

▼ 문장이 3줄을 넘어 과도하게 많은 사례

가족돌봄 근로시간 단축 관련 검토

('00.0.0 월, 자재관리팀)

□ 개   요

  ○ 가족돌봄 근로시간 단축 근무 관련 건의

  ○ 사규 취업규칙 제42조2(가족돌봄 등을 위한 근로시간 단축)
    * 대상자 : 보안대 검색1반 특경(이성복)조장

    (주 근로시간 약 27시간 / 오전 3시간 오후 4시간 오후 8시간 근무)

□ 검토 결과

  ○ 사규 취업규칙 제42조3(가족돌봄 등을 위한 근로시간 단축)
    "근로자의 가족의 질병, 사고, 노령으로 인하여 가족돌봄 등을 위한 근로시간 단축 관련 근로시간은 주당 15시간 이상 30시간 이하로 운영토록 규정(남녀고용평등법 제22조의 3)되어 있으며,

  ○ 근로시간 단축으로 인한 급여는 월 기본급÷209 해서 시간당 급여 산정후 통상시급을 적용한 비례삭감 방식 적용.
    - 월급제는 통상 시급(통상임금÷통상임금 산정기준 시간 수)을 적용 산정
    * 야간수당 등은 통상시급을 기준으로 산정 및 지급 〈노무법인 해원 자문〉

□ 향후 계획

  ○ 가족돌봄 근로시간 단축으로 인한 보안업무에 탄력적 운영 등 협의

  ○ 가족돌봄 근로시간 단축 신청 관련 대상자 급여산정 등 사전 설명 및 근로시간 단축 근무 명령

국제여객터미널 개장 관련 업무 협의회

□ ○○공사 운영본부 부사장 주관
　참석자 : A사 사업부 (실장 외 4인), 운영실(실장 외 2인)
　　　　　B공사(본부장, 팀장), C센터(팀장 외 1인)

□ 추진배경
　23년 본격적인 엔데믹 시대가 도래함에 크루즈 입항 재개 및 카페리 재개에 대한 OO항 국제여객터미널 정상화 대비하여 인력보강, 각종 시설 개선 등 필수적인 개선사항을 적기 조치 위함

□ 현황 및 필요성 (특정예산 집행계획 등)협의
　○ (현황) 운영 – 소방시설 및 안전관리 등 운영 인원, 예산 협의
　　　　　시설 – 국제여객T 시설(수하물 이송용 컨베이어 추가,
　　　　　　　　안내표지판 설치 등) 개선 예산 검토협의
　　　　　보안 – 터미널 경비인력 (10명)충원 및 보안장비 유지보수
　　　　　　　　(CCTV, X-ray) 예산 검토 협의
　　　　* 보안측정·심사 결과 경비보안인력(000명) 대비 0명 부족
　　　　* 경비 인력(00명) 인건비 0.0억 추가 집행

□ 향후 조치 계획
　○ A공사 – 23.2.○○위원회 안건 상정 및 ○○위원회 개최 심의
　○ B공사 – 경비인력(10명) 신규 채용 및 인력운영 조치
　　　　* 추후 개장 정상화 시 인력, 예산 지원
　○ C센터 – 터미널 내·외부 시설개선 및 운영관리 인원 등 조치

제2원칙　두줄이내

③ **(3원칙)** 보고서 형태에 따라 다르지만 개선계획 보고서를 기준으로 '현황 및 문제점', '개선계획', '향후일정(향후계획)'의 3단으로 작성

  * 시행계획서도 '개요', '시행계획', '향후일정(향후계획)'의 3단이며, 결과 보고서도 '개요', '○○결과', '향후일정(향후계획)'의 3단으로 구성

▼ 소제목이 너무 많거나(5단) 적은(2단) 사례

사무직 시간 외 근무 지침 개선 알림

('00.0.00.월, 인사관리부)

□ **추진배경**
  ○ 사무직 시간 외 근무 기준을 명확화하여 불필요한 예산 낭비 근절과 밀도 있는 근무로 업무 효율성 강화로 행정업무체계 개선

□ **현   황**
  ○ 평일 1일 4시간 한도로 팀장 승인하에 시간 외 근무 수행
  ○ 주 52시간 근무시간 내에서 월 15시간 한도로 시간 외 근무 인정

□ **문 제 점**
  ○ 시간 외 근무 인정 대상을 명확화하여 예산낭비 근절 필요
  ○ 직무 특성상 상시 현장순찰 및 외근직 관리 등이 필요한 보직의 경우 일반 사무직 기준 외 별도 시간외 근무 기준 반영 검토

□ **시간 외 근무 지침 검토**
  ○ 월 15시간 시간 외 근무 한도를 월 20시간으로 변경하여 **신속한 업무 처리와 충분한 시간 외 근무 시간 인정으로 보상 강화**
  ○ 기존 시간 외 근무 인정 대상자 기준으로 **부장 직무대리 이상과 임금피크대상자***는 시간 외 근무 인정 제외
    * 부장(직무대리) 이상에서 별도직무 부여와 근무시간 단축근무 취지 반영
  ○ 상시 현장순찰 및 현장직 관리 등이 필요한 보직의 경우 **법령 준수하에 (주 52시간 이내) 별도 시간 외 근무 인정 기준 필요**

□ **향후계획 (시간 외 근무 지침 변경)**
  ○ (현행) 월 15시간 한도   ⇨ (변경) 월 20시간 한도
  ○ (현행) 부장(직무대리)이상 제외 ⇨ (변경) 부장(직무대리)이상, 임금피크직
  ○ 상시 현장순찰 및 현장직 관리 등을 수행하는 직원*의 경우에는 법령 준수(주 52시간 이내)하에서 시간 외 근무 수행 인정
    * 사무직의 직무관리담당

문화재 관리직 정규직 전환 시 "호 봉" 부여계획

국가지정 문화재 관리직 근로조건 개선을 위하여 정규직 전환 호봉 적용 추진

□ **주요사항**

○ 그간 경과
- (0.00) 문화재 관리직의 선진화 방안 추진을 위한 간담회 개최 (본부 5층 대회의실)
- (0.00) 문화재 관리직 근로조건 개선 관련 회의(인천항만물류협회)
  * 용역사 회의 결과 의견 취합 ('00.0.00, 문화재관리 제23-168호)
  -) 정규직 전환 관련 호봉적용 등 계약은 5월부 갱신.

○ 정규직 호봉 산정 관련
- (당초) 0월 간담회 배부자료에 정규직 전환 관련 확정 호봉 아닌 예정 호봉 산정 설명

  [예정] 평균호봉 산정 : 근속평균(2.4), 사병경력 (최근 18개월 기준)(1.6)반영 / 4호봉

  * 입사 시 (1호봉) 반영이 미반영된 사항.
- (현행) 개인별 근속기간, 사병경력 등록 평균 호봉 산정

  [실제] 평균호봉 산정 : 근속평균(2.4), 사병경력(최근 21개월 기준)(1.9), 입사 시 (1호봉 부여)

  〔 정규직 전환 "평균 5호봉" 산정 기준 반영 〕

○ 정규직 전환 관련 재원 소요현황 (약 00억 원 예상)
- 정규직 전환 기산일 '00년 1월부 (1월~4월 /4개월분) 임금 소급 적용 지급 예산
  * 4개월분 소급 소요예산 : 약 0억 원 (1인 인건비: 322,000원 * 4개월 *000명)
- 소송 취하 및 부제소 합의동의 등 관련 비용 약 0억 원 소요 예상

□ **향후 계획**

○ (예산팀) '23년 용역계약 변경('23년 5월부 갱신) 진행

2 구성

① **전체 문서는 크게 제목(제목 박스+작성 일자·부서 포함) 및 본문으로 구성**
  - 문서 제목을 가장 먼저 정해 놓고 내용을 작성하는 것이 일반적이나, 내용을 작성하다가 상황 변화에 따라 제목을 변경하는 경우도 빈번
    * **제목 박스**는 아래와 같은 연청색의 위아래 두 줄 디자인을 정부·공공기관에서 많이 사용하며, 제목줄은 좌측에서 우측 끝까지 채워 작성
      (단, 제목 내용은 제목 박스의 80% 전후로 채워 너무 답답하지 않게 작성)
  - **대외주의 보고서**일 경우 제목박스 우측 위에 눈에 띄게 적색으로 작은 박스를 만들어 대외주의라고 표시하여 보고서의 대외 유출 방지
  - 또한, 기관에 따라 보고받는 **상급자의 신속한 의사 결정**을 위하여, 시급성, 중요성 및 결정 필요 여부를 점검하도록 한 경우도 있음.

구분	높음	낮음	의사결정 필요 여부	
시급성	( )	(v)	결정 필요	( )
중요성	( )	(v)	단순 보고(참고)	(v)

대외주의

○○공무직 정규직 전환 관련 서류 면접 계획

(2023. 0. 0. 화. 인사기획팀)

② **본문은 앞에서 언급한 것처럼 가장 핵심인 개선계획 보고서를 기준으로 '현황 및 문제점', '개선계획', '향후일정'의 삼단으로 구성.**
  - 본문은 '개선계획'이 핵심이므로 내용도 가장 많아야* 보기에도 좋음
    * 간혹, 현황 및 문제점의 내용이 너무 많고 개선계획 내용이 너무 적은 경우가 있는데, 이런 경우 보기에도 좋지 않을 뿐만 아니라 보고서가 부실해 보임.

③ 공무원 등에서의 편집용지(F7)와 글자모양([Alt]+L) 등은 일반적으로,
- **(편집용지)** A4용지/ 왼·오른쪽 여백 18~20mm 전후/ 위·아래쪽 및 머리·꼬리말 여백은 10~15mm 전후이나 문서의 양에 따라 조정 가능
- **(글자모양) 제목 박스** HY헤드라인M(18~20p)/ **중간 제목** HY헤드라인M(15p)/ 본문 휴먼명조(15p)/ 참고(*)는 중고딕(13p) 또는 맑은고딕(12p)
    * 단, 글자체는 **주로 쓰는 글자체를 예시** 한 것이므로 유사한 글자체도 가능
- **(줄 간격) 160%를 기본**으로 하나 문서의 양에 따라 조정 가능
    * 공무원, 공사 등의 종합 부서에서 문서를 취합하는 경우가 많아 스타일(F6) 및 문단모양([Alt]+T, 위아래 여백 등)을 제한하고 있으므로 유의

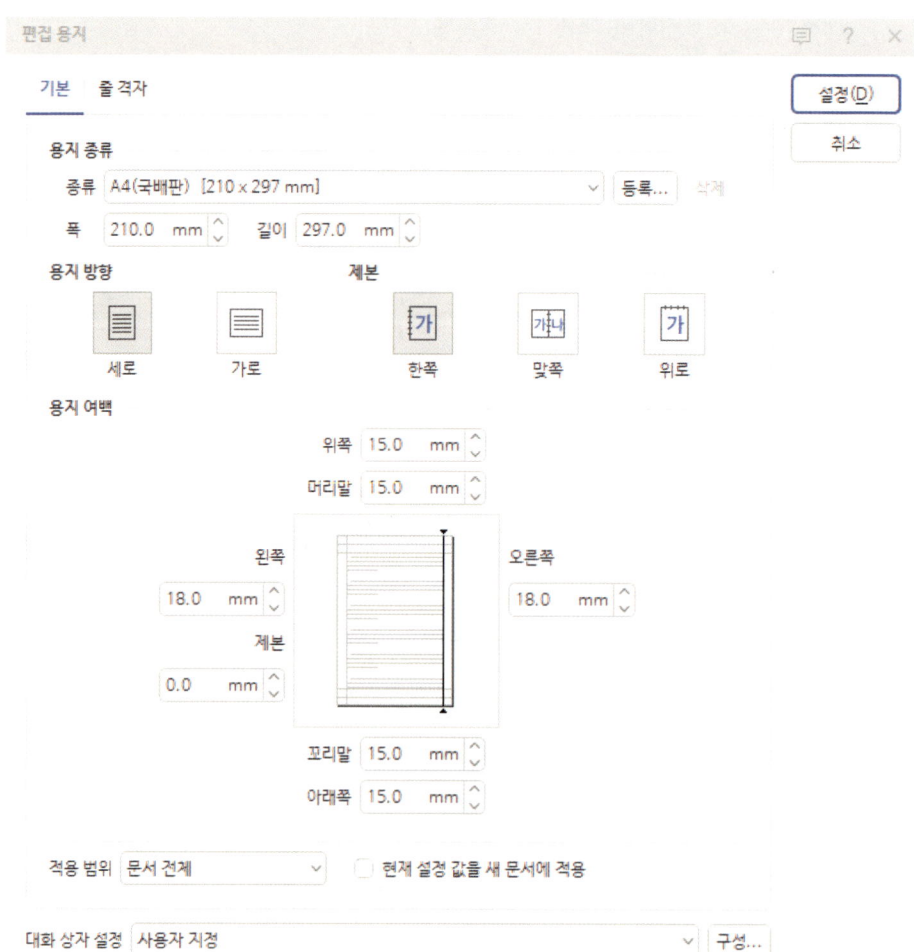

☞ 표준 보고서(예시)

(특히, 소제목간 간격을 확실하게 띄워줄 것)

직원 숙소 등 지원 관련 검토 보고

('00. 0. 0. 월. 복지후생팀)

☐ **현황 및 문제점**

○ 직원 숙소* 등 후생복지 및 보수가 **유사기관 대비 열악**하여 **이·퇴직률 증가(00%↑)**
　* 숙소 : 00원룸(4채), 00협회(6채)/ 수당 : 000(월 30만), 0000관리(월 9만 원)
　　　　　　　　　　　　　　　월 2명(출입증발급)　　　1일 15명 3천 원(교통비)

○ 특히, '00년부터 000로부터 지원되던 숙소*도 '00년부터 중단되어 직원 사기 저하
　* 직원숙소 4채(1채 3실)/ 보증금 8억 원 / 12명 입주(1인 1실)/ 내외항 특정 대상

☐ **개선방안**

○ **(숙소지원)** 000와 기존 지원되다가 중단된 **숙소 지원 재개** 협의
　- '21년 이후 중단된 숙소 지원 재개 협의('23. 1월~ / 아파트형 → **원룸형***)
　　* 아파트형은 다수 직원 거주로 **프라이버시** 등 문제로 원룸 선호(부산000 참조)

○ **(수당지원)** 숙소 지원 불가 시 타사 사례와 같이 **수당 등 지급** 추진**(1인 0~0만 원)**
　- '23년부터는 타 기관 사례 등을 검토, 지급기준* 마련(00과 별도 협의 필요)
　　* 수도권 외 원격지 거주자/ 단독세대/ 장기근무자 등 우선(단, 예산 범위 내)
　　　(현재, 수도권 외 직원 00명 내외(내근 1명, 외근 17명/ 5만 원×15명×3개월=225만 원)

<그간 경과>

> ⦿ 직원숙소 지원 협약 체결('20.4.3.) 및 임대차 계약 체결('00.0.00/ 00부)
> ⦿ 000와 임대차계약업체(0000) 간 보증금 반환·소송 결과에 따라 중단 ('00.0.00)
> ※ 현재, 노사 간 보수 및 정규직 전환 등 협의 중이며 이후 후생복지 논의 필요

☐ **향후계획**

○ 현황 파악 및 노사협의회 개최(2월~)
○ '00년도 예산 및 숙소 지원 협의 추진(7월~ / 본부, 00지방청 등)

③ 기타

① **육하원칙 준수(6개 원칙 중 필요한 것만 선택)**

▼ 육하원칙을 지키되 필요 시 **4가지(기간, 장소, 대상, 방법)만 선택 가능**

☐ **체력측정**
- ○ 00은행 특경 **전원 대상**으로 시행
- ○ **국민체력100**에서 자체 측정 일정에 따라 공인 체력측정
  - 체력측정 일정표(단위 : 명)

구분	1	5.10(수)	5.12(금)	5.17(수)	5.23(화)	5.24(수)	5.26(금)	합계
인원	40	40	20	30	40	40	20	230

☐ **추진방안**
- ○ (기간) '00. 5. 9(화)~26(금)(7일간)
- ○ (장소) 국민체력 100 종로센터(서울)
- ○ (대상) 00은행 특경 총 230명
- ○ (방법) 체력측정 및 결과 반영

※ 체력측정 일정표   (단위 : 명)

구분	5.9(화)	5.10(수)	5.12(금)	5.17(수)	5.23(화)	5.24(수)	5.26(금)	합계
인원	40	40	20	30	40	40	20	230

② **근거나 예고 없이 새로운 내용 작성 지양**

▼ 언제 어떻게 건의되었는지 알 수 없는 상황에서 다음 **문장으로 바로 연결되어 혼란**

☐ **개요**
- ○ 가족돌봄 근로시간 단축 근무 관련 건의
- ○ 사규 취업규칙 제42조2(가족돌봄 등............)

☐ **현황 및 문제점**
- ○ 최근(3월) 가족돌봄 근로시간 단축 근무 관련, 기존 고정형이 아닌 변동형 검토 요청(인사팀)
- ○ 사규 취업규칙 제42조2(가족돌봄 등............)

▼ 문제점에서 언급했던 **내용과 개선방안이 연결이 안 되어** 혼란 발생, 즉, 문제점에서 댐 부족을 언급했으면 개선방안에서도 댐 부족에 대한 개선방안 언급 필요.

☐ **문제점**
- ○ 한강은 댐 부족에 따라 매년 홍수 발생

☐ **개선방안**
- ○ 한강 홍수 방지를 위해 매년 녹지사업 추진

☐ **문제점**
- ○ 한강은 댐 부족에 따라 매년 홍수 발생

☐ **개선방안**
- ○ 한강 홍수 방지를 위해 '30년까지 OO댐 등 3개 댐 건설 추진

③ 단어, 문장 및 형태 등의 일관성 유지

▼ 기관(회사)명 작성 시 한글회사명과 영문회사명 중 어느 하나로 **일원화하여 일관성 유지**

* 기관명이나 회사명이 긴 경우에는 **괄호( )안에 짧은 약자**로 표현

□ 개 요
  ○ 한국토지주택공사의 발전과 번영...
□ 시행방안
  ○ LH공사의 사업 확장과 ....
	□ 개 요
	  ○ 한국토지주택공사(이하. 공사)의 발전과 번영...................
	□ 시행방안
	  ○ 공사의 사업 확장과 ....
	
	□ 개 요
	  ○ LH의 발전과 번영...................
	□ 시행방안
	  ○ LH의 사업 확장과 ....

▼ 기간의 형태 및 기간의 위치 등 불일치

* 기간은 일반적으로 우측에 위치하도록 하여 일관성 유지

□ 향후일정
  ○ 어선청년임대사업 관련 8월 중 지자체 의견 수렴
  ○ 어선청년임대사업계획 수립 추진(9월)
	□ 향후일정
	  ○ 어선청년임대사업 관련 지자체 의견 수렴(8월)
	  ○ 어선청년임대사업계획 수립 추진(9월)

* 같은 연도 및 같은 연월 등의 기간은 **앞쪽만 작성하고 뒤쪽은 생략**

□ 향후일정
  ○ OOOOOOOOOOO('23년 8월~'23년 9월)
	□ 향후일정
	  ○ OOOOOOOOOOOOOOOOOO('23. 8~9월)

* 연도의 형태 **일관성 필요**

□ 문제점
  ○ 2025 한국과 미국의 초등학교 교육개발.........
□ 개선방안
  ○ 2025년 한국의 교육수준 평가를 통한............
  ○ '26년 초등학교 외에 중등학교 평가와 병행....
	□ 문제점
	  ○ '25년 한국과 미국의 초등학교 교육개발......
	□ 개선방안
	  ○ '25년 한국의 교육수준 평가를 통한............
	  ○ '26년 초등학교 외에 중등학교 평가와 병행..

▼ 문자표[3])에서 네모(□), 동그라미(○)도 천차만별이라 **같은 형태를 유지**해야 하고, 이를 위해 복사 기능(Ctrl+C, Ctrl+V)을 활용하여 줄 및 형태의 **일관성 유지**

□ 개 요	□ 개 요
○ 우리나라 헌법의 ………………	○ 우리나라 헌법의 ………………
-	-
*	*
□ 추진방안	□ 추진방안
○ 국회 상임위에서…………………	○ 국회 상임위에서…………………
-	-
*	*

▶

▼ 문자표(□)는 흐리게 하고 뒤의 제목만 **볼드체**로 하면 **일관성이 저해되므로 일관성 유지**

□ 현황 및 문제점	□ 현황 및 문제점
○ ………………………………	○ ………………………………

▶

▼ 하나인 본문은 **2개 이상** 작성하여 **형식적 다양성 및 일관성 유지**

□ 근 거	□ 근 거
○ 물품관리규정 제22조 및 설문조사('24.3.12~19)	○ (사 규) 물품관리규정 제22조 별표3(단화기간 1년)
* 남 녀 직 원 대 상 자 3 3 0 명 중 267명(87%) 설문	○ (설문조사) 대상자 330명에 대해 설문조사 실시
	* 남녀직원 대상자 330명 중 267명(87%)

▶

▼ 다른 줄의 제목과 글자 수를 맞추거나 길이를 동일하게 하여 일관성 유지 및 **시인성 향상**

□ 근거	□ 근 거
○ (사 규) 물품관리규정 제 2 2 조 별표3(단화기간 1년)	○ (사 규) 물품관리규정 제22조 별표3(단화기간 1년)
○ (설문조사) 대상자 330명에 대해 설문조사 실시	○ (설문조사) 대상자 330명에 대해 설문조사 실시
* 남 녀 직 원 대 상 자 3 3 0 명 중 267명(87%) 설문	* 남 녀 직 원 대 상 자 3 3 0 명 중 267명(87%) 설문
□ 추진계획	□ 추진계획
○	○

▶

---

3) 저자는 네모의 경우 아래한글 문자표에서 모서리 각진 네모(□ : 완성형 KS문자표→A1E0)보다는 **모서리 둥근 네모(□ : 훈글 HNC→키캡→337B)**의 모양이 부드러워 자주 사용하고 있어 권장

④ **내용이 많고 복잡한 표 등은 본문에 핵심만 요약하고 첨부로 넘김**

▼ 내용이 많을 경우 관련규정은 첨부로 넘기고 **본문엔 핵심내용만 요약정리**

☐ **공무직의 정규직 전환 계획**
- (전환범위·대상) 공무직 전원
- (평가방법) 객관적 투명한 전환 절차 실시

  ※ 관련규정
  - 인사관리규정 시행세칙 16조(신규채용 원칙) : 공무직 또는 계약직 중에서 근무우수 직원, 정규직 채용을 목적으로 사전 계약직으로 채용한 경우, 회사에서 필요한 해당업무 전문직으로 해당 경력이 있는 경우에는 정원의 범위 내에서 인사위원회 심의를 거쳐 정규직으로 전환할 수 있다.
  - 인사관리규정 시행세칙 17조(000..............): 0000000000 ....

▶

☐ **공무직의 정규직 전환 계획**
- (**범위·대상**) 공무직 전원
- (**평가방법**) 사규 000에 따라 인사위 운영
  * <u>인사관리규정 시행세칙 16조 및 17조에 따라 7인 이내의 인사위 심의(위원장 : 본부장)</u>

▼ **핵심**만 **요약 작성**하고, **개선내용**은 돋보이도록 **테두리** 등을 도드라지게 강조

현 행		개 선	
운영팀	인사팀	운영팀	인사팀
· 직원 직접 수령 및 동료 직원 전달		· 지역 내 운영팀 직접 · 지역 외 퀵서비스	· 퀵서비스
· 직접 수령 및 동료 직원 전달 * 회수 : 본인 직접		· 퀵서비스 이용 시 조기 포함 * 회수 : 본인 직접 반납	
· 퀵서비스 비용은 회사 부담 * 소요 비용 : 지역 내 비용(2~3만 원선) / 지역별 비용 상이함.			

▶

- 기존 **당사자** 수령에서 **퀵서비스** 등으로 전달

현 행	**개 선**
· 당사자 **직접 수령** * 예외: 동료가 전달	· 주중(근무) : **운영팀** 전달 · 이외(야, 휴):**퀵서비스** * 섬 지역은 현행과 동일

⑤ **형용사(멋진, 아름다운, 빛나는 등) 및 감탄사(정말, 진짜! 등) 등은 지양하고, 참고 자료 등은 가장 최근의 검증된 자료 인용**

▼ **정말, 힘차게**와 같은 형용사 성격의 단어는 보고서에서는 **부적절**

☐ 개 요
- (배경) 디자인산업의 점진적 발전을 위해 우리 모두 <u>정말</u> 힘을 모아 <u>멋지게</u> 나아갈 필요 있음
- (0000) 0000.............

▶

☐ 개 요
- (배경) 디자인산업의 점진적 발전을 위해 우리 모두 <u>최선의 노력 경주</u> 필요성 증대
- (0000) 0000.............

▼ 최근이 아닌 **오래된 통계**와 **검증되지 않은** 자료는 지양

| □ 개 요
○ (배경) '24년 해운업 경쟁력 강화 위해 <u>'04년 민간 연구기관</u>의 장기(20년) 통계 검토
○ (0000) 0000............................. | ▶ | □ 개 요
○ (배경) '24년 해운업 경쟁력 강화 위해 <u>'23년 국책연구기관</u> 통계 검토
○ (0000) 0000............................. |

⑥ 미시행, 미적용 등 적절하고 정확한 단어 사용

▼ **미시행**의 '**미(未)**'는 향후 계획은 있지만 여건상 **현재는 하지 못함**을 의미하므로 문단의 성격에 맞게 **비시행/ 비적용** 또는 **유보/ 중단(중지)**으로 **정확히 구분** 사용 필요

☞ 국립국어원 및 우리말배움터(부산대 정보컴퓨터공학부 인공지능연구실) 자문

| □ 추진방안
○ 코로나19로 인하여 전직원 체육행사 **미시행** | ▶ | **완전 중단**
○ 코로나19로 인하여 전직원 체육행사 <u>비시행</u>
○ 코로나19로 인하여 전직원 체육행사 <u>시행 중단</u>
잠정 중단
○ 코로나19로 인하여 전직원 체육행사 <u>미시행</u>
○ 코로나19로 인하여 전직원 체육행사 <u>시행 유보</u> |

▼ 상황이 변해 앞으로 학칙을 적용하지 않는다는 의미이므로 **적용 중단(중지)** 등으로 수정

| □ 추진방안
○ '26년 00고등학교 복장 자율화에 따라 등교 시 사복 복장에 대한 학칙규정 **미적용** | ▶ | **완전 중단**
○ ~~사복 복장에 대한 학칙규정 <u>비적용</u>
○ ~~사복 복장에 대한 학칙규정 <u>적용 중단</u>
잠정 중단
○ ~~사복 복장에 대한 학칙규정 <u>미적용</u>
○ ~~사복 복장에 대한 학칙규정 <u>적용 유보</u> |

⑦ 유사한 용어의 중복 사용 및 불필요한 용어 등 사용 지양

▼ 제목에서 사용한 문장을 본문에서 다시 **반복해서 사용할 필요 없음**

| ['00년 임대료 발생 및 미수금 현황 보고]
□ <u>'00년 임대료 발생 현황 및 문제점</u>
○ 00000 000000 00000 | ▶ | ['00년 임대료 발생 및 미수금 현황 보고]
□ <u>현황 및 문제점</u>
○ 00000 000000 00000 |

▼ **대책**과 **방안**은 같은 의미이므로 두 단어 중 **한 단어만 사용**

| □ 추진방안
○ 체육 발전 <u>대책 방안</u> 강구 필요성 증대
□ 향후계획
○ .... (8월) | ▶ | □ 추진방안
○ 체육 발전 <u>방안</u> 강구 필요성 증대
□ 향후계획
○ .... (8월) |

▼ 향후계획은 **예정**이란 의미가 내포되어 있으므로 **예정 삭제**

| □ 추진방안
○
　-
□ 향후계획
○ 전직원 **설문조사** <u>예정</u>(7월 중)
○ 설문내용 취합 보고(8월 중) | ▶ | □ 추진방안
○
　-
□ 향후계획
○ 전직원 **설문조사**(7월 중)
○ 설문내용 취합 보고(8월 중) |

▼ 1번 밖에 없는 제목 등은 번호 대신 **다른 문자표로 대체**
　　* 보고 받는 입장에서는 1번이 있으면 순차적으로 2번, 3번도 있는 것으로 착각할 수 있음

| □ 현황 및 문제점
① 지방자치제 발전을 위한 중앙정부 역할 필요
□ 추진방안
① ……………………
② …………………… | ▶ | □ 현황 및 문제점
○ 지방자치제 발전을 위한 중앙정부 역할 필요
□ 추진방안
① ……………………
② …………………… |
| <u>첨부1)</u>
지방자치단체의 역할 증대 방안

□ 추진배경
○
　- | | <u>첨부)</u>
지방자치단체의 역할 증대 방안

□ 추진배경
○
　- |

⑧ 최근, 모니터를 보고 전자결재를 하는 경우가 많아 보기 좋게 작성하는 것이 중요해져, 촘촘한 [Enter↵] 키, 과도한 컬러, 볼드체, 밑줄 및 빈 공간 등 지양

▼ 아래 좌측과 같이 **과도하게 촘촘한** [Enter↵] 키*, 컬러 등은 시인성 저하

　　* 줄 간격은 엔터키로 조정하지 말고, 문단키([Alt]+T 문단 모양→문단 위, 문단 아래)로 조정

| □ 추진방안
○ **(대상)** <u>00공무직 전원(000명)</u>
○ **(방법)** 근속 및 군복무기간(사병)을 합산한 **평균값**
　- 기본 0호봉과 근속 및 군복무 평균 0호봉을 합산하여 0호봉
　　* 근속평균(28월)+군복평균(최근 21월 기준) = 49개월(4년 1월)

※ 그간 경과
　▸ (4.12) 공무직 선진화 방안 간담회 **개최**(0층 회의실)
　　* 근속(2.4) 및 <u>사병경력(최근18월 기준)</u> 반영, 0호봉 산정
　▸ (4.26) **공무직 근로조건 개선회의**(00협회)
　▸ (4.27) 업체 회의결과 의견 취합
　▸ 공무직 전환 관련 호봉 적용 검토 등 | ▶ | □ 추진방안
○ (대상) ○○공무직 전원(000명)
○ (방법) 근속 및 군 복무 기간(사병)을 합산한 **평균값**
　- 기본 0호봉과 근속 및 군복무 평균 0호봉을 합산하여 0호봉
　　* 근속 평균(28월)+군복 평균(최근 21월 기준)
　　　= 49개월(4년 1월)

※ 그간 경과
　▸ (4.12) 공무직 선진화 방안 간담회 개최(0층 회의실)
　　* 근속(2.4)및 사병경력(최근18월기준)반영, 0호봉산정
　▸ (4.26) 공무직 근로조건 개선회의(○○협회)
　▸ (4.27) 업체 회의결과 의견 취합
　　* 공무직 전환 관련 호봉 적용 검토 등 |

⑨ 단어 나열 시 '콤마'로 나열하되 마지막 단어 앞에서 '및'으로 구분

▼ '및'은 마지막 단어인 **"경상도"** 앞에 있어야 함

| □ 추진방안
○ 서울, 경기도 **및** 강원도, 전라도 경상도 등 | ▶ | □ 추진방안
○ 서울, 경기도 강원도, 전라도 **및** 경상도 등 |

⑩ 단어, 숫자 및 문장 등은 끊어지지 않게 작성

▼ 문단 정리 또는 글자 장평(좁게 [Shift]+tab+N, 넓게 [Shift]+tab+W)으로 조정하여 단어, 숫자 및 문장 등이 **끊어지지 않고 이어지게** 작성

| □ 현황 및 문제점
○ 사규(취업규칙 42조2)는 시간 외 근무의 일관성 유지 등을 감안하여 고정형으로만 운영
○ 근로시간은 주당 15시간 이상 30시간 이하로 운용(남녀고용평등법 제22조의 3) ... | ▶ | □ 현황 및 문제점
○ 사규(취업규칙 42조2)는 시간 외 근무의 일관성 유지 등을 감안하여 고정형으로만 운영
○ 근로시간은 주당 15시간 이상 30시간 이하 운용(남녀고용평등법 제22조의 3) |

▼ 문서에서 빈 공간이 많은 경우, **의도적으로**라도 내용을 만들어 문장을 채우도록 노력

연말정산 환급 소득세액 발생 보고

('24. 2. 25.월/ 00팀)

□ 추진 배경
○ 2026년 귀속 연말정산에 따른 환급세액 발생
- '27년도 원천세 상계신청 또는 환급액 계좌입금 선택
○ (기존) 원천세 상계처리   빈 공간
○ (변경) 환급신청   빈 공간

□ 연말정산 환급세액 발생 내역

구분	정산 환급 세액	정산 환수 세액	2월 원천 징수세액	3,4월분 납세액	환급세액 (1)-(2)-(3)+(4)
원천세	393,123	15,382	86,433	9,356	3

* 최종 환급액은 2.9억이나 분납함으로써 3억 원 환급 확정

□ 향후 계획
○ 환급신청에 따른 입금 예정(24년 3월 중)

▶

연말정산 환급 소득세액 발생 보고

('24. 2. 25.월/ 00팀)

□ 개   요
○ (현황) '26년 연말정산에 따른 환급세액 발생
- '27년도 원천세 상계신청 또는 환급액 계좌입금 선택
○ (근거) 사규 회계처리규칙 00조 00항

□ 발생 경과
○ (기존)환급세액 발생시 원천세 상계처리
○ (변경)당해 연도자금의 원활 운영 위해 환급신청

구분	정산환급 세액	정산환수 세액	2월 원천 징수세액	3, 4월 분납세액	환급세액 (1)-(2)-(3)+(4)
원천세	393,123	15,382	86,433	9,356	3

* 최종 환급액은 2.9억이나 분납함으로써 3억 원 환급 확정

□ 향후 계획
○ 전 직원 대상 환급신청(2월 중)
○ 환급신청에 따른 입금(3월 중)
○ 환급세액 국세청 신고(3월 말)

⑪ 문단과 문단의 경계는 확실하게 구분

▼ 소제목 간의 경계는 **우리 집과 다른 집과의 경계처럼 확실히 구분**되어야 시인성 향상

```
□ 개  요
  ○ 우리나라 헌법의 ..............
    - 00000000 00000000 0000000
    * 000000 000000 000000
□ 추진방안
  ○ 국회 상임위에서 ..............
    - 00000000 00000000 0000000
    * 000000 000000 000000
□ 향후계획
  ○ 000000000000000 ..............
  ○ 000000000000000 ..............
```

▶

```
□ 개  요
  ○ 우리나라 헌법의 ..............
    - 00000000 00000000 000000
    * 000000 000000 000000

□ 추진방안
  ○ 국회 상임위에서 ..............
    - 00000000 00000000 000000
    * 000000 000000 000000

□ 향후계획
  ○ 000000000000000 ..............
  ○ 000000000000000 ..............
```

⑫ 불필요한 요식행위적 내용 개선

▼ **한 장 보고서는** 들어갈 **내용도 많으므로** 여러 장 보고서와 같은 형식적 내용을 생략하고 있으므로 '**끝**', '**붙임1, 2…**', '**행정사항**' 등은 반드시 생략

```
□ 향후계획
  ○ ..........................
붙임) 1. 000000000000000
      2. 000000000000000
. 끝.
```

▶

```
□ 향후계획
  ○ ..........................
  ○ ..........................
```

▼ 소제목으로 자주 사용하는 '**기대효과**'도 한 장 보고서에서는 **3단 구성** 원칙에 따라 **적절한 소제목 안으로** 스며들게 사용하는 추세(단, 볼드체, 밑줄 등으로 강조)

```
□ 현황 및 문제점
  ○
  ○
□ 개선방안
  ○
  ○
□ 기대효과
  ○ 예산절감
    - 연간 약 10억 원 예산절감
□ 향후계획
  ○
```

▶

```
□ 현황 및 문제점
  ○
  ○
□ 개선방안
  ○
  ○
※ 기대효과 : 연간 약 10억 원 예산절감
□ 향후계획
  ○
```

▼ 과거와 달리 장관님, 사장님 등 '**님**'을 **생략**하는 추세이므로 '**님**'은 **생략**

| □ 향후계획
○ <u>장관님</u> 현장 참석 훈시(5월)
○ | ▶ | □ 향후계획
○ <u>장관</u> 현장 참석 훈시(5월)
○ |

▼ 불요불급한 **한자** 외에는 **한글**로 작성

　　* 불요불급한 한자일지라도 앞에 한글로 쓰고 뒤 괄호 '( )' 안에 한자로 작성

| □ 향후계획
○ <u>月</u> 1회 이상, <u>同鄕</u>인 인사를 대상으로...
○ <u>各</u> 기관별 1<u>回</u> 이상................ | ▶ | □ 향후계획
○ <u>월</u> 1회 이상, **동향(同鄕)**인 인사를 대상으로..
○ <u>각</u> 기관별 1<u>회</u> 이상................ |

⑬ **글자(폰트) 크기, 형태 및 위치 관련**

▼ 글자 자체가 이미 **볼드체**(HY헤드라인M, 한컴윤체B 등)인 경우, 이 글자에 **추가로 볼드체**로 할 경우 화면 및 프린트 시 글자가 **뭉개져** 보기 안좋음

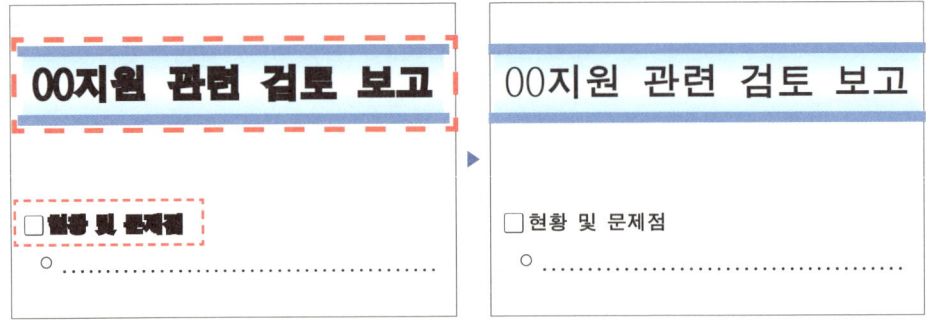

▼ 큰제목, 소제목, 내용, 별표(*) 순으로 앞에 한두 칸씩 빈칸을 삽입하여 **상하관계를 유지**해야 하나, 문서에 많은 내용을 넣으려다 이를 지키지 않아 시인성 저하

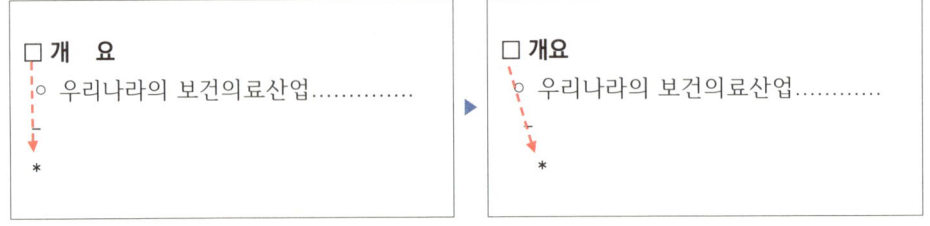

▼ 글자 **장평을 과도하게 줄이거나 늘려서** 전체적인 **균형이 안 맞는** 경우

* 본문 내용 중 대체할 문장을 재정비(첨삭)하거나 불필요한 조사 등을 과감히 삭제하여 문단이 너무 빽빽하게 구성되지 않아야 함

□ 현황 및 문제점
ㅇ ○○와 임대차계약 업체 간 임대차보증금 반환·소송 결과에 따른 숙소 반환요청에 직원숙소지원종료(사회가치실-3024('08.10.))
ㅇ 숙소 반납조치에 따라 예산(약 8억 원) 확보 불확실 및 직원 후생복지 지원 중단

▶

□ 현황 및 문제점
ㅇ 임대차보증금 반환·소송에 따른 숙소 반환요청에 **숙소 지원 종료**(08.10./A-B간)
ㅇ 숙소예산 확보 **불확실 및** 후생복지 지원 중단
　* ○○기관 전체예산 중 약 8억 원

▼ **물결표시(~)**는 문단에서 **중간에 위치**하도록 하여야 하나, 키보드 왼쪽 상단의 물결 표시는 **글자체(중고딕 등)**에 따라 중간이 아닌 상단에 위치하는 경우도 있어 주의

* 아래한글 **문자표(Ctrl+F10)**의 물결표시는 **글자체에 영향 없이** 항상 문단 중간 위치

□ 현황 및 문제점
ㅇ 한국 관광산업을 위한 ……….
　* '23.3.5 ~ '24.3.4(1년간) ……

▶

□ 현황 및 문제점
ㅇ 한국 관광산업을 위한 ……….
　* '23.3.5 ~ '24.3.4(1년간) ..

Ⅳ. 보고서 사례

1 개선계획 보고서

☐ **현황 및 문제점**(또는 추진배경)
☐ **개선계획**(또는 추진계획, 추진방안)
　　* 기대효과 및 그간 경과는 필요 시 여기에 작성
☐ **향후일정**(또는 향후계획)

---

1. 가족돌봄 근로시간 단축 관련 검토
2. 사무직 시간 외 근무 지침 개선 알림
3. 직원 숙소 지원 관련 검토 보고
4. 임직원 복리후생 관련 상조물품 지원 계획
5. '00년 현장직 근무복(4종) 경쟁입찰 개선계획(안)
6. 실업급여 체계 개선을 통한 고용서비스 고도화 방안
7. '00년도 특수건강검진 결과 및 조치계획 보고
8. 국산 폐지의 적체 해소를 위한 대책 방안 마련
9. '00년 구내식당 운영 현황 및 김치구매 개선 방안
10. 빌딩 관리비 관리체계 개선 계획 보고

1 원본 1

가족돌봄 근로시간 단축 관련 검토

('00.0.0 월, 자재관리팀)

□ 개 요
- ○ 가족돌봄 근로시간 단축 근무 관련 건의.
- ○ 사규 취업규칙 제00조0(가족돌봄 등을 위한 근로시간 단축)
  (주 근로시간 약 27시간 / 오전 3시간, 오후 4시간, 오후 8시간 근무)

□ 검토 결과
- ○ 사규 취업규칙 제00조0(가족돌봄 등을 위한 근로시간 단축)
  "근로자의 가족의 질병, 사고, 노령으로 인하여 가족돌봄 등을 위한 근로시간 단축 관련 근로시간은 주당 15시간 이상 30시간 이하로 운영하도록 규정(남녀고용평등법 제22조의 3)되어 있으며,
- ○ 근로시간 단축으로 인한 급여는 월 기본급÷209 해서 시간당 급여 산정 후 통상시급을 적용한 비례삭감 방식 적용.
  - 월급제의 경우 통상 시급(통상임금÷통상임금 산정기준 시간 수)을 적용하여 급여를 산정
    * 야간근로수당 등은 통상시급을 기준으로 산정 및 지급 〈노무법인 해원 자문 내용〉

□ 향후 계획
- ○ 가족돌봄 근로시간 단축으로 인한 업무의 탄력적 운영 등 협의
- ○ 가족돌봄 근로시간 단축 신청 관련 대상자 급여산정 등 사전 설명 및 근로시간 단축 근무 명령 등 조치

1️⃣ **개선 1**

가족돌봄 근로시간 단축 관련 검토(보고)

['00. 0. 00(월), 자재관리팀]

☐ **현황 및 문제점**

- 최근, "가족돌봄 근로시간 단축 근무"와 관련, 기존 **고정형**이 아닌 **변동형** 단축근무 가능여부 검토 요청(관리부 직원의 가족 신장 투석 관련)

  * 주 근로시간 약 27시간(오전 3시간, 오후 4시간, 오후 8시간 근무)

- 사규(취업규칙 00조0)에서는 **고정형, 변동형**에 대한 특별한 규정이 없으나, 근무의 **일관성 유지** 등을 감안하여 **고정형**으로만 **운영**

  * 노무법인 00 자문('24.0.0) : 야간근로수당 등은 **통상시급을 기준**으로 산정 및 지급

☐ **검토결과**

- 사규(취업규칙 00조0)에 따라 근로시간은 특별히 **고정형, 변동형 구분 없음**
- 대체인력 투입 등 <u>근무여건 변경</u>*이 가능하다면 두 가지 형태 양립 가능

  * 단, 회사 총무과 인사담당과 사전 협의 필요

  ┌───┐
  〈취업규칙 00조0(가족돌봄 등을 위한 근로시간 단축) 주요내용〉
  - 근거 : 남녀고용평등과 일·가정 양립 지원에 관한 법령
  - 대상 : 근로자 자신의 건강 돌봄 및 가족의 질병, 사고, 노령으로 돌봄, 55세 이상 근로자의 은퇴준비, 근로자의 학업 필요(**6개월 이상** 근무자)
  - 기간 : 1년 이내, **주당 15시간~30시간**(근로시간 비례 보수 지급)
  - 제한 : 대체인력 채용 불가, 정상적 사업 운영에 중대한 지장 등
  └───┘

☐ **향후계획**

- 총무과(인사담당)와 협의(대체인력 및 근무시간 등) 후 **사장 보고**(7.10~11)
- 근로시간 단축 **근무 명령** 등 조치(7.11~)

☞ 1 **원본 1 분석**

| 총평 | ▶ 제목이 검토보고서인데 현황설명만 있고 <u>검토결과가 없음</u>
▶ 본문(2줄)과 참고(*)가 혼재되어 있고, <u>참고가 부족하여 내용 이해 어려움</u> |

- **제 목**
  - 제목박스 위아래 **테두리가 굵고**, 글자체가 22p로 너무 커서 제목박스가 꽉 차 **답답해 보이는 등 전체적으로 시인성 저하**
  - '작성 날짜 및 부서'의 글자크기가 본문 글자크기와 같아 **보기 안 좋음**

- **본 문**
  - 내용상 문제점에 대한 개선방안을 검토하는 보고서이므로 '**개요**'보다는 '**현황 및 문제점**'으로 제목을 변경하여야 함
  - 언제 어떻게 "건의"되었는지 알 수 없는 상황에서 **다음 문장으로 바로 연결되어 혼란**스럽고, 구체적인 내용이 없어 **검토결과를 도출하는 게 어려움**
  - 핵심내용도 없지만 **핵심내용에 대한 강약(볼드체, 밑줄 등) 결여로 시인성 부족**
  - 본문에서 "취업규칙"을 언급할 경우 전문(全文)은 첨부로 넘긴다 하더라도 **요약내용은 본문에 반드시 언급**하여야 함
  - 검토결과에서 그 결과가 나와야 하는데 **현황만 있고 검토결과가 없음**
  - 1, 2, 3 원칙 중 '**2원칙**' 즉, 2줄을 넘게 작성하여 **불필요한 내용**이 많아졌고 결재자가 한눈에 볼 수 없어 **비효율적**
  - 반대로, 다른 줄("- 월급제의 경우 통상 시급…")은 한 줄로 작성 가능함에도 두 번째 줄이 매우 짧은 2줄로 작성되어 **비효율적**

- **향후계획**
  - 일정이 적시되어 있지 않아 **구체성이 없음**
  - **핵심내용**에 대한 **강약(볼드체, 밑줄 등) 결여로 시인성 부족**

① 원본 2

사무직 시간 외 근무 지침 개선 알림

('00.0.00.월, 인사관리부)

☐ 추진배경

  ○ 사무직 시간 외 근무 기준을 **명확화**하여 **불필요한 예산 낭비 근절**과 **밀도 있는 근무**로 업무 효율성 강화로 행정업무체계 개선

☐ 현 황

  ○ 평일 1일 4시간 한도로 팀장 승인하에 시간 외 근무 수행
  ○ 주 52시간 근무시간 내에서 월 15시간 한도로 시간 외 근무 인정

☐ 문 제 점

  ○ 시간 외 근무 인정 대상을 **명확화**하여 **예산낭비 근절** 필요
  ○ 직무 특성상 **상시 현장순찰 및 외근직 관리 등이 필요한 보직**의 경우 일반 사무직 기준 외 별도 시간외 근무 기준 반영 검토

☐ 시간 외 근무 지침 검토

  ○ 월 15시간 시간 외 근무 한도를 월 20시간으로 변경하여 **신속한 업무처리**와 충분한 시간 외 근무 시간 인정으로 보상 강화
  ○ 기존 시간 외 근무 인정 대상자 기준으로 부장 직무대리 이상과 임금피크대상자*는 시간 외 근무 인정 제외
    * 부장(직무대리) 이상에서 별도직무 부여와 근무시간 단축근무 취지 반영
  ○ 상시 현장순찰 및 현장직 관리 등이 필요한 보직의 경우 법령 준수하에(주 52시간 이내) 별도 시간 외 근무 인정 기준 필요

☐ 향후계획 (시간 외 근무 지침 변경)

  ○ (현행) 월 <u>15시간</u> 한도 ⇨ (변경) 월 <u>20시간</u> 한도
  ○ (현행) 부장(직무대리)이상 제외 ⇨ (변경) 부장(직무대리)이상, <u>임금피크직</u>
  ○ 상시 현장순찰 및 현장직 관리 등을 수행하는 직원*의 경우에는 법령 준수(주 52시간 이내)하에서 시간 외 근무 수행 인정
    * 사무직의 직무관리 담당

1️⃣ 개선 2

사무직 『시간외 근무수당』 지급방법 개선계획

['00. 0. 00(화), 인사관리부]

☐ **현황 및 문제점**

- ㅇ 현장직과 달리 사무직은 **시간외 근무수당**에 대한 **명확한 규정 부재***
    - * 시간외 근무수당 **대상** 및 **인정범위** 등(임금피크자, 부장 직대자 등 지급 여부)
    - (공무원은 "**공무원 수당 등에 관한 규정**"에 명확히 규정되어 있음)
- ㅇ **임금피크**(3명) 및 **현장근무 복귀자**(1명)에 대한 초과근무 **유권해석 필요**
    - 현재 임금피크자는 4명으로서 이 중 **1명은 현장소장** 직책으로 시간외근무 대상에서 제외되었으나, **부장급 3명은 규정상 불분명**
    - 또한, 현장근무 감독자의 사무직 근무전환에 따른 **보수 저하문제 발생**

☐ **개선방안**

- ㅇ (지침 마련) 사규 제정 전까지 지침으로 **시간외 근무 대상 및 시간 등 명확화**(단기)
    - 부장(직대) 이상, 임금피크자를 **초과근무 대상에서 제외***
        - * **(현행) 부장**(직대) 이상 → **(변경) 부장(직대) 이상, 임금피크자**
    - 시간외근무 대상자에 대한 **인정시간 확대***
        - * **(현행)** 월 15시간 → **(변경) 월 20시간**(5시간 증가)
            · 단, **현장근무를 주(主)로 하는 사무직은 주간 최대 12시간**까지 가능(**월간 최대 52시간**까지 가능)
- ㅇ (사규 제정) 현재, 취업규칙과 인사세칙에서 혼재되어 있는 초과근무 관련 내용을 별도의 **시간외 근무규정(사규)**으로 **통합 개정 또는 제정 추진**(장기)
    - 잦은 지침 변경*에 따른 혼란 방지를 위해 **명확한 규정 필요**
        - * 지침변경 : '16년 2회, '18년 2회, '19년 2회, '22년 1회**(총 7회)**

☐ **향후계획**

- ㅇ 시간외 근무수당 지침(단기) 마련 및 시달('00. 1월 말)
- ㅇ 시간외 근무수당 관련 사규(장기) 통합 개정 또는 제정('00. 2월~)

☞ 1 원본 2 분석

| 총평 | ▶ 너무 많은 소제목(5개)과 과도한 컬러 등의 사용으로 **시인성 저하**
▶ 본문내용과 향후계획이 혼재되어 있어 보고서의 **방향성 결여** |

- **제 목**
  - 제목박스 테두리 **굵기가 다르고**, 제목박스와 본문이 **가까워** 보기 좋지 않음
  - 제목(~알림)과 본문(~개선계획내용)이 **일치하지 않아 혼란**
    * 예시) 제목은 **서울**로 가는 방법으로 써 놓고, 내용은 **부산** 가는 방법으로 작성
  - 중요도가 상대적으로 낮은 '작성 날짜 및 부서'의 글자크기가 중요도에서 이보다 높은 **본문의 글자크기보다 커** 문서의 기본원칙(상하 관계) 위배

- **본 문**
  - 한 장짜리 보고서에서 **소제목이 과도하게 많아(5개) 핵심내용이 분산**
    * 추진배경, 현황 및 문제점의 내용이 중복되어 한 개의 소제목으로 통합 작성 필요
  - 제목에서의 "~시간외근무~"는 **본문의 소제목까지 연결**되므로 소제목에서 다시 "~시간외근무~"를 **중복** 작성하는 것은 **비효율적이므로 생략**
  - 각각의 소제목과 내용 간의 **줄 간격이 유사**하여 시인성 저해
  - "현재", "변경"과 같이 **개선되는 형태의 내용**이 서술형으로 되어 있는데, **화살표를 이용한 도표 형태**로 작성하여 보고서의 이해도 향상 필요
  - 중요내용에 대한 **과도한 컬러, 범위 설정** 및 **밑줄**로 시인성 및 중요도 저하
    * 과도하지 않게 중요도에 따라 우선순위 설정 필요(예 : 컬러〉볼드〉밑줄)

- **향후계획**
  - **일정이 적시**되어 있지 않고, 내용이 **추상적**이고 **구체성이 없음**
  - 중요내용에 대한 **과도한 컬러** 등의 사용으로 시인성 저하
  - 표와 서술형이 혼재되어 있는데, 표는 **서술형 밑에 별표(*)**로 작성 필요
  - **계획은 일정만 짧게** 작성해야 하는데, 본문처럼 불필요하게 많은 내용 작성
    * 계획에 포함된 내용은 본문에서 충분히 서술형으로 언급하였으므로 짧게 써야 함

1 원본 3

직원 숙소 지원 관련 검토 보고

('00. 0. 0. 월. 복지후생팀)

☐ **현황 및 문제점**
- 「본부와 직원숙소 지원 협약 체결 ('00.00.00.)」
  직원숙소 지원, 숙소 임대차 계약 체결 지원('00.00.00.)
  〈'00년도 예산 별도 추가 지원 합의〉
- 직원숙소 지원 관련 추진계획(복지후생팀) 의거 직원숙소 입주자 선발 및 선정
  * 직원숙소 입주자 : 현장 직원
- 직원숙소 4채(1채 3실) / 입주 12명 지원(1인 1실) 남/여 구분(2채씩) 입주자 선정
  - 숙소 공실 입주자 선정 관련 5차례 공고 및 선정 후 지원
- **본부와 임대차계약 업체(0000)와 임대차보증금 반환·소송 결과에 따른 숙소 반환요청에 직원숙소 지원 종료**〔본사 경영기획실-0000('00.00.00.)〕
- 숙소 반납조치에 따라 예산(약 0억 원) 확보 불확실 및 직원 후생복지 지원 중단

☐ **유관기관 숙소 지원 및 수당지급 현황 (별첨 참조)**
- 유관기관(00부 등 0개 기관) 숙소 지원 및 수당지급 현황
  - 숙소 지원(6개): 000공사(4개), 000협회(2개)
  - 원격 근무지 수당 지급(2개): 000부(1), 000공사(1),
    * 운행보조비(교통비)지원 및 비급여성 교통비 지원(운영비 활용 지급)

☐ **향후 검토 계획**
- **임·직원 후생복지 개선 및 임·직원 주거안정에 지원**
  * 임·직원 자택주소 원격(수도권 외) 주거지 현황 인원수 : 약 19명('00.00. 현재)
- **예산 확보 및 후생복지 성 개선 검토 협의 추진 필요**
  * 노사협의회 안건을 통한 노사 협의 추진 등
  〔예: 지급대상 선정 및 지급 금액 등〕

1 **개선 3**

직원 숙소 등 지원방안 관련 검토 보고

('00. 0. 0. 월. 복지후생팀)

☐ **현황 및 문제점**

- 직원 **숙소** 등 후생복지 및 보수가 **유사기관*** 대비 **열악**하여 **이·퇴직률 증가**(00%↑)
    * 숙소 : OO공사(4채), OO협회(6채)/ 수당 : OO공사(월 30만 원)^{월2명}, OO협회(월 9만 원)

- 특히, '00년부터 본부에서 지원되던 숙소*도 '00년부터 중단되어 직원 사기 저하
    * 직원숙소 4채(1채 3실)/ 보증금 8억 원 / 12명 입주(1인 1실)/ 현장직원 대상

☐ **개선방안**

- **(숙소지원)** 본부와 달리 기존 지원되다가 중단된 **숙소 지원 재개** 협의
    - '00년 이후 중단된 숙소 지원 재개 협의('00. 1월~ / 아파트형 → **원룸형***)
        * 아파트형은 다수 직원 거주로 **프라이버시** 등 문제로 원룸 선호(첨부 참조)

- **(수당지원)** 숙소 지원 불가 시 타 기관 사례와 같이 **수당 등 지급** 추진(1인 3~5만 원)
    - '00년부터 타 기관 사례 등을 검토, **지급기준*** 마련(사무소는 별도 협의 필요)
        * 수도권 외 원격지 거주자/ 단독세대/ 장기근무자 등 우선(단, 예산 범위 내)
        (현재, 수도권 외 직원 **00명 내외**(사무 0명, 현장 00명/ 5만 원×00명×3개월=**000만 원**)

〈그 간 경 과〉

> ● 직원숙소 지원 협약 체결('20.4.3.) 및 임대차 **계약** 체결(본부, '000.0)
> ● 본부와 임대차계약업체(0000) 간 보증금 반환·소송 결과에 따라 **중단**('00.0.0)
> ※ 현재, 노사 간 보수 및 정규직 전환 등 협의 중이며 이후 **후생복지 논의** 필요

☐ **향후계획**

- 현황 파악 및 노사협의회 개최(2월~)
- '00년도 예산 및 숙소 지원 협의 추진(7월~ / 본부, 00지방청 등)

☞ ① 원본 3 분석

| 총평 | ▶ 현황 및 문제점만 제시하고 <u>검토결과는 없음</u>
▶ 문서의 내용 등에서 일관성이 많이 흐트러져 <u>이해하기 난해</u> |

■ 제 목

　○ 제목이 **너무 짧고**, 숙소 외 다른 지원방안도 있어 **"숙소 등"이 맞음**

■ 본 문

　○ 1, 2, 3 원칙을 준수하려는 노력은 보이나, 소제목의 **"현황 및 문제점"**과 또 다른 **"~~현황"**이 혼재되어 보고서의 **기본원칙 위배** 및 **일관성 저해**

　　＊ "현황 및 문제점(국장)"과 "~~현황(과장)"은 **같은 단계가 아니므로**, "~~현황(과장)"은 "현황 및 문제점(국장)" 밑으로 흡수되어야 함

　○ "현황 및 문제점"에서 문제점은 있다고 추정되어지나, 작성자의 머릿속에서만 있고 **문서로 표현되지 않아 결재권자가 이해하기 어려움**

　　＊ 이런 경우, 보고자가 결재권자에게 구두로 말하는 시간이 훨씬 많아지므로 비효율적

　○ 소제목 아래 본문의 **"○" 및 "＊" 굵기 및 위치가 제각각**이고, **"＊"도 크기가 일관성 없음**

　○ 중요한 내용에 대한 **글자의 강약이 부족**하고, 오히려 그다지 중요하지 않은 내용에 **컬러(청색)**를 넣거나 밑줄을 사용하여 시인성 저하

■ 향후계획

　○ **일정이 적시되어 있지 않고**, 내용이 추상적이고 **구체성이 없음**

　○ 제목대로라면 검토결과가 나와야 하는데 **검토결과 없이**, 향후계획 첫 줄에 현황이 나오고, 둘째 줄에 다시 검토협의를 추진하겠다고 함

　　＊ 소제목을 "향후검토계획"에서 "향후계획"으로 변경 작성하여야 함

1 원본 4

임직원 복리후생 관련 상조물품 지원 계획

1 추진 배경

□ 목 적
  ○ 임·직원의 비금전적 복리후생 제공을 통한 복지향상
  ○ 직원 사기진작 및 업무 효율성 증대

□ 기본방향
  ○ 예산 범위 내 복지효용 극대화함.
  ○ **임·직원 상조 시에 한함.**
    * 취업규칙 제32조 관련 별지 1호 기준 〔붙임 1 참조〕

2 지원(적용) 범위

□ 상조물품 지원 대상 조건
  ○ 대상 : 임·직원 (정규직, 비정규직 동일 지원)
  ○ 지원 대상 조건
    - 사규 취업규칙 제32조(경조휴가) 관련 별지1호 중
    사망 사유발생 시 지원 원칙.
  ○ 지원방법 및 지원 한도
    - 지원 대상 조건 원칙하에 부고장(증빙) 제출 시 지원
    * 회당 300인기준 1세트 (규격화-11종) / 회수 제한 無

3 현행 문제점

  ○ 상조물품 지급 방식의 문제
    - 상조 당사자가 직접 물품을 수령하는 것의 현실적 어려움
    - 코로나19 확산 및 사회 분위기 변화로 인하여 동료 직원들이 직접 조문을 가는 경우가 감소, 상조물품 전달의 어려움

4. 추진 사항

□ 경조 상조물품* 지급 개선

※ 물품기준 : 300인 기준, 1인 2BOX(A형:접시류, B형:기타 소모품)

구 분	현 행		개 선		비고
	운영지원팀	항만보안팀 (종합상황실)	운영지원팀	항만보안팀 (종합상황실)	
◦ 지급 방식	◦ 직원 당사자 직접 수령 및 동료 직원 전달		◦ 인천지역 내 - 운영지원팀 ▶ 물품 전달 ◦ 인천지역 외 (섬 지역 제외) - 퀵서비스이용물품전달	◦ 퀵서비스 이용 물품 전달	
◦ 회사 조기	◦ 직접수령 및 동료 직원전달 ▶ 회수 : 본인 직접 반납		**물품전달 및 퀵서비스 이용 시 조기포함 발송** ▶ 회수 : 본인 직접 반납		
◦ 지급 비용	◦ **퀵서비스 비용 ▶ 회사 부담** * 소요예상 비용 : 인천지역 내 비용(2만 원~3만 원선) / 지역별 비용 상이함.				
◦ 보관 장소	◦ **주중** :2층 운영지원팀(물품창고) ◦ **이외** : 1층 고객봉사실		현행 동일		

※ 경조사 확인 시 전 직원 알림 문자 발송
  □ 주중(평일 주간) - 운영지원팀
  □ 야간·주말(공휴일 포함) - 항만보안팀(종합상황실)

  * 항만보안팀(종합상황실) 야간, 주말(공휴일)▶ 퀵서비스 이용 시 영수증 운영지원팀에 제출

5. 행정 사항

□ 경영기획팀장 예산 범위 내 반영하여 차질이 없도록 지원할 것.
□ 운영지원팀장/항만보안팀(종합상황실) 상조물품 관리 및 지원에 차질이 없도록 지원할 것. 끝

1 **개선 4**

임직원 대상 "상조물품" 지원 개선방안

(0000. 0. 수. 총무팀)

□ **현황 및 문제점**
- 코로나19 **확산** 및 **사회 분위기 변화**(조의금만 전달)에 따른 동료직원들의 **직접 조문 감소*** 등으로 상조물품 전달의 어려움이 지속적으로 가중
    * 1년간 약 12회(월 1회) 발생(예상)(최근 3년)
- 직원 상조 시* 상조 당사자가 상조물품을 **직접 수령**하거나, **동료 도움** 전달

> ※ 상조 지원 근거 등
> - **(지원근거)** 취업규칙 제32조(경조휴가) 관련 별지1호 중 **사망 시**(증빙서류 확인)
> - **(지원대상)** 임직원(정규직, 비정규직 동일 지원)(**본인·배우자 및 그 부모, 자녀와 배우자**)
> - **(지원한도)** 회당 300인 기준 1세트 (규격화-11종) / 횟수 제한 없음
> - **(지원물품)** 회사 조기, 조화 및 **상조물품**(1인 2박스 : 300인 기준 접시류 및 소모품 등)

□ **개선방안**
- 기존 **당사자**(또는, 동료) 수령 방식에서 **퀵서비스** 등을 통한 물품 전달

구분	현 행	개 선	비고

전달방법	◦ 당사자 직접 수령
	  * 예외적으로 동료직원 전달
		◦ 주중(근무시간) : **운영지원팀**이 전달
		◦ 이외(야간,휴일) : **퀵서비스**
		  * 섬지역은 현행과 동일(당사자, 동료직원)
			상조물품 전달 시 조기 포함 전달

전달비용
(퀵서비스)
	◦ 회사 부담
	  * 인천지역 약 2~3만 원,
	  서울지역 약 7~8만 원 선
		◦ 좌 동	

※ 경조사 알림 문자는 주중 운영지원팀, 이외는 항만보안팀(종합상황실)에서 발송

- 상조물품(조화 포함) 연 12회로 가정 시 약 **3~4백만 원*** 예상
    * [(상조물품 14만 원+퀵서비스 5만 원=19만 원)+(조화 8만)]×12월 = 324만 원

□ **향후계획**
- 경영기획팀은 예산범위 내 지원(4월~)
    ※ 운영지원팀/항만보안팀(종합상황실)은 상조물품 관리 및 지원에 적극 협조 요청

☞ ① 원본 4 분석

| 총평 | ▶ 1장으로 가능한 보고서를 2장으로 만들어 비효율적(표는 참고로 넘김)
▶ 불필요하게 소제목이 많아 유사한 소제목끼리 통합 필요 |

■ 제 목

○ 제목에서 "~복리후생 관련~"은 **불필요한 내용**이므로 삭제 필요

○ 제목박스의 제목 핵심내용에 대한 **강약이 다소 부족**

○ 제목박스 우측 아래에 보고서 작성일자 및 작성부서가 **명기되어 있지 않음**

　　* 세월이 흘러 조직 및 담당자 변동 시 문서 찾는 데 어려움 있음

■ 본 문

○ **1장**으로 가능한 보고서가 **2장**으로 작성되어 **비효율적**이며 **시인성 저하**, 특히, **표는 본문에 요약** 작성하고 **참고로 넘겨야 함**

○ 1, 2, 3 원칙 중 '**3원칙**' 즉, 큰제목 아래 소제목이 **5개로 너무 많고**, 소제목 박스도 너무 커서 **불필요한 공간을 많이 차지함(소제목 통합 필요)**

　　* 본문은 **3단**으로 구성되어야 결재자 입장에서 이해하기가 수월

○ 1줄로 작성 가능한 문단을 2줄로 작성하여 **우측에 빈 공간**이 많이 생김

○ 본문이 **육하원칙**에 따라 작성되지 않아 **보기가 매우 불편**

○ 불요불급하지 않은 **한자(無)는** 가능한 사용하지 않아야 함

○ 글자체 및 크기도 **일관성 없고**, 문자표 위치도 **들쑥날쑥**하여 보기 안 좋음

■ 향후계획

○ 최근의 한 장 보고서에서는 "행정사항"은 잘 작성하지 않는 경향이므로 "**향후계획(일정)**"으로 수정하여야 함

1️⃣ **원본 5**

'00년 현장직 근무복(4종) 경쟁입찰 개선계획(안)

['00. 00. 10(목), 운영관리처]

> 경쟁입찰을 통한 피복의 **품질 향상** 및 **예산절감, 절차투명성 강화** 목적

☐ **현황 및 문제점**

- 현장직 **근무복(4종)*** 수의계약으로 적기미지급, 예산낭비, 공정성 저해 발생
  * 근무복(4종) : **성하복, 춘추복, 동복**(내용연수 1년), **방한점퍼**(내용연수 3년)

☐ **개선계획**

- 계약방식 변경 : 수의 계약 ⇒ **공개경쟁입찰계약**
  (* 중증장애인 생산품 생산기업 ⇒ **국가종합전자조달 입찰시스템**)

- 입찰 계획 (* 붙임1 참조)

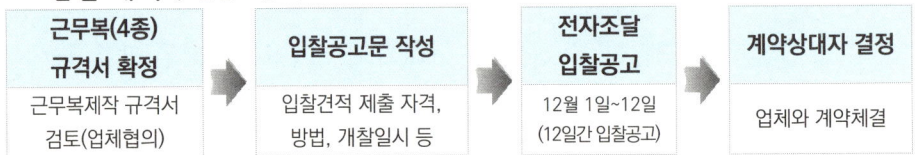

- 추정 소요예산 (* 붙임2 참조)
  - 피복비: **108,960천 원** (기초금액대비 89% 적용 시)
    * (청원경찰) 20,692천 원 /(내항) 40,710천 원 /(외항) 47,558천 원

  ⇨ **년간 3,318천 원 절감 효과**. (수의계약(112,278천 원) 대비)

☐ **향후계획 및 행정사항**

- 규격서 협의 및 입찰공고문 작성(11월 완료)
- 근무복(4종) **지급대상자** 명단, 사이즈 자재팀 제출(~ 11월 18일)

1 개선 5

'00년 현장직 근무복(4종) 입찰방식 개선계획(안)

['00. 00.10(목), 운영관리처]

경쟁입찰을 통한 피복의 **적기 지급**, **예산 절감** 및 **투명성 강화** 목적

☐ **현황 및 문제점**

○ 그간('00~'00) 현장직*의 근무복은 **분할 수의계약**으로 추진

　* **총 000명** : 본청 000명(청경 00명, 공무직 000명), 사무소 등 000명

○ 근무복 종류가 4종*으로 분할 수의계약 시 **적기 미지급**, **예산낭비** 등 우려

　* 성하복, 춘추복, 동복(내용연수 1년), 방한점퍼(내용연수 3년)

☐ **개선계획**

○ **(계약방식)*** 분할 수의계약 ⇒ **공개경쟁입찰계약****

　- 단, 특수복(질서반·기동타격반 26명) 및 근무화(단화, 방한화)는 제외(소규모 생산 등)

　* 중증장애인 생산품 생산기업 ⇒ **국가종합전자조달 입찰시스템**

　** 국가계약법 제7조, 전자조달의이용및촉진에관한법률 제6조, 계약규정(사규) 제3조

　　(규격확정→입찰공고문 작성→전자조달 입찰공고→계약당사자결정→계약)

○ **(계약기간)** 연 4~5회(수시) ⇒ 연 1회

> 〈공개경쟁 입찰계약에 따른 기대효과〉
> ■ 연간 약 000만 원 절감 [수의계약 시의 **약 0.0억 원** 대비]
> · 피복비 예산 : 약 0.0억 원(기초금액 대비 **89%** 적용할 경우)

☐ **향후계획**

○ 근무복(4종) **지급대상자 명단**, **사이즈** 자재팀 제출(~ 11.18)

○ **규격서** 협의 및 **입찰공고문** 작성(11월 완료)

○ 입찰공고(12. 1~12), 계약체결(12.13~16, 완료)

☞ ① 원본 5 분석

총평	▶ 과도하게 많은 박스로 인하여 보고서 전체가 <u>어수선함</u>
	▶ 개선계획에서 두 가지 핵심적 내용을 <u>적절하게 도출해 내지 못함</u>

■ 제 목
- 제목박스의 글자크기가 조금 크고 **볼드체**로서 제목박스가 꽉 차 **답답해 보임**

■ 본 문
- 본문 상단의 핵심내용 요약박스 글자체가 본문 글자체와 같아 **부각되지 않음**
- 여유 공간이 있거나 핵심적인 내용을 알 수 있게 하기 위해 상단에 박스를 만들었으나 **배경색(무색) 및 글자체(본문과 동일) 등으로 밋밋**
  * 박스 배경색을 튀지 않는 옅은 색으로 하고 글자체도 본문과 다른 글자체 선택 필요
- 1, 2, 3 원칙을 준수하였으나, 세 번째 소제목의 "향후계획 및 행정사항"은 최근의 작성원칙에 어긋나 **"향후계획(일정)"으로 수정**하여야 함
- 또한, "현황 및 문제점"에서 현황+문제점을 한 줄로 표현하다 보니 **그간의 과정이 생략**된 느낌이 있으므로 **그간 과정을 한 줄 추가**하여 보완 필요
  * 이런 경우, **일부러라도** 보고서가 꽉 찬 느낌이 들 수 있게 내용을 추가하여 작성 필요
- "개선계획"의 박스가 과도하게 많아 어수선해 보이므로 **서술형으로 변경** 필요
  * 특히, "추정소요예산"의 박스는 박스로 작성할 아무런 이유도 없음
- "개선계획" 핵심은 경쟁입찰과 연간 1회 계약인데 "입찰계획"과 "추정소요예산" 같은 참고사항을 **경쟁입찰과 동일 선상 사용**
- 두 번째 장 중간에서 **두음법칙**에 어긋나는 단어 수정 필요(**년간→연간**)
  * 예시 : 2023년도(○), 연도별(○), 2023연도(×), 년도별(×)

■ 향후계획
- 소제목 수정 필요 : **향후계획** 및 행정사항 → **향후계획(일정)**
- 동 보고서는 수의계약에서 경쟁입찰로의 개선사항이 포함된 보고서임에도 입찰공고, 계약체결 등 **경쟁입찰계획**에서의 **핵심적 일정이 누락**
  * 입찰공고, 계약체결 등의 핵심일정을 추가하여 작성 필요

1 원본 6

실업급여 체계 개선을 통한 고용서비스 고도화 방안

◆ 실업자의 실직예방 및 고용촉진, 생활안전 등 사회안전망 강화를 위한 **실업급여제도 보완** 및 **고용서비스 고도화 방안**을 보고드림

□ 검토배경

ㅇ 정부는 고용보험에 가입한 근로자가 비자발적으로 실업된 경우, 고용안정망으로서 **일정기간 소득**을 **지원**하는 **실업급여 제공** 중

　* 실직 전 18개월 중 180일 근무 후, 보험료 납입 시 최대 9개월간 180만 원 수급

ㅇ 현재 실업자의 재취업 촉진 효과가 미흡하며, 부정수급 사례도 적발되고 있어 **실업급여의 효용성 제고 및 고용서비스 강화 필요**

　* (재취업률) '18년 28.9 % → '21년 26.9%, (부정수급) '18년 이후 2만 건 이상 발생

□ 개선방안

ㅇ (급여체계개선) 고용보험의 피보험기간을 늘리고 실업급여 하한액을 낮추는 방법으로 **최저임금**과 **실업급여 간 연동체계 개선**

　* 실업급여의 하한액 조건을 삭제함으로써 '최저임금보다 실업급여가 낫다'는 인식 개선·보완

ㅇ (수급자 감시강화) 실업급여를 수급받기 위한 이력서 제출 및 채용면접 등 **구직활동**과 학원·고용센터 **수강**에 대한 **감시 체계 강화**

　* (기존) 4주에 1회 구직활동 → (개선) 16주 이후 4주에 2회로 구직활동 횟수 상향

ㅇ (급여조건개편) 자격기간, 지급수준, 지급기한 등에 대한 **체계개선**

　* 5년 동안 3회 이상 실업급여 신청 시 실업급여의 제공 수준(10~50%) 감소

ㅇ (실업자 고용지원) 각 지역 고용센터의 **취업·채용서비스 강화**

　* 단기적인 급여지원 대신, 교육지원 등 장기적인 실업자 역량 강화를 위한 서비스 제공

□ 향후계획

ㅇ 실업급여체계 개선을 위한 민관협력 TF팀 구성 및 고용서비스 고도화를 위한 세부종합대책 마련('23.上)

1 개선 6

실업급여 체계 개선을 통한 고용서비스 고도화 방안

[0000. 0. 00(목), 00부]

□ **추진배경**(또는, 현황 및 문제점)
- 정부는 고용보험에 가입한 근로자가 비자발적으로 실업된 경우, 고용안정망으로서 **일정기간 소득을 지원**하는 **실업급여 제공*** 중
  - * 실직 전 18개월 중 180일 근무 후, 보험료 납입 시 최대 9개월간 000만 원 수급
- 현재, 실업자의 재취업 촉진 효과가 미흡하며, 부정수급 사례도 적발되고 있어 **실업급여의 효용성 제고 및 고용서비스 강화 필요**
  - * (재취업률) '18년 00.0 % → '21년 00.0% / (부정수급) '18년 이후 0만 건 이상 발생

□ **개선방안**

> ①**급여체계** 및 **급여조건** 개선, ②**고용지원** 및 **수급자 감시 강화**

- (**급여체계개선**) 고용보험의 피보험기간을 늘리고 실업급여 하한액을 낮추는 방법으로 **최저임금과 실업급여 간 연동체계 개선**
  - * 실업급여의 하한액 조건을 삭제함으로써 '최저임금보다 실업급여가 낫다'는 인식 개선·보완
- (**급여조건개선**) 자격기간, 지급수준, 지급기한 등에 대한 **체계 개선**
  - * 5년 동안 0회 이상 실업급여 신청 시 실업급여의 제공 수준(00∞00%) 감소
- (**실업자 고용지원**) 각 지역 **고용센터의 취업·채용서비스 강화**
  - * 단기적인 급여지원 대신, 교육지원 등 장기적인 실업자 역량 강화를 위한 서비스 제공
- (**수급자 감시강화**) 실업급여를 수급받기 위한 이력서 제출 및 채용면접 등 **구직활동과 학원·고용센터 수강에 대한 감시 체계 강화**
  - * (기존) <u>4주에 0회</u> 구직활동 → (개선) 16주 이후 <u>4주에 0회</u>로 구직활동 횟수 상향

□ **향후계획**
- 실업급여체계 개선을 위한 **민관협력 TF팀 구성**('00.0월)
- 고용서비스 고도화를 위한 **세부종합대책** 마련('00.00월)

☞ ① 원본 6 분석

| 총평 | ▶ 개선방안의 내용 중 <u>유사한 내용끼리 재배치 필요</u>
▶ 전자문서시대에 맞는 적절한 컬러 사용 등 <u>디자인 면에서 다소 아쉬움</u> |

■ 제 목
   ○ 제목박스가 글자에 비해 작아 **답답해 보이고 전체적으로 어두워 보임**
      * 과도한 컬러도 문제지만 **적당한 컬러**는 문서를 보기에 보다 부드럽게 해 줌
   ○ 제목박스 우측 아래에 보고서 작성일자 및 작성부서가 **명기되어 있지 않음**

■ 본 문
   ○ 제목박스 밑의 박스는 필요에 따라 사용하기도 하지만, **내용이 많아 공간이 없는 보고서에서는 굳이 사용할 필요는 없음**
      * 단, 소제목의 "개선방안" 내용이 많은 경우 요약차원에서 요약박스는 필요
   ○ 또한, 박스 내 글자체가 본문 글자체와 같아 **부각되지 않으며**, 제목박스와 너무 밀착되어 빽빽하게 보이는 등 **시인성 저하**
   ○ 소제목을 "추진배경" 또는 "현황 및 문제점"으로 병행해도 내용상 **문제없으므로 필요에 따라 선택**
   ○ "개선방안"의 내용 중 **유사한 내용끼리 순서를 재배치**하여야 함
      * 급여체계 개선, 급여조건 개선, 실업자 고용지원, 수급자 감시 강화
   ○ 줄 간격을 엔터키로 작성 시 결재권자가 모니터 화면으로 볼 경우 꺾인 화살표(↵)가 많이 보여 시각적으로 매우 불편[본 책자에서는 원본의 꺾인 화살표(↵)는 지면 관계 등으로 49쪽 외에는 생략]
      * 문단 위아래 여백(문단모양→간격)을 활용하면 보다 깨끗한 화면으로 볼 수 있음

■ 향후계획
   ○ 시간적으로 보면 TF팀 구성 후 종합대책이 마련되므로 **내용 분리 필요**
      * 결재권자 입장에서는 **설사 계획일지라도** 좀 더 **세부적인 일정**을 기대

1 원본 7

'00년도 특수건강검진 결과 및 조치계획 보고

['00. 0. 0(화), 인사과]

☐ **특수건강검진 결과**

- 실시기간 : '00년 0월 00일 ~ '00년 0월 00일
- 검진기관(2곳) : A병원, B병원
- 대상자 : 총 000명

구분	검진 인원	1차 완료	2차 대상	건강관리 구분		비고
				가, 나	다*	
A병원	145	00	00	00	-	
B병원	206	000	00	00	0	
합 계(명)	351	000	00	00	0	

* 근로자 건강진단 사후관리 소견서 : 2명 / 야간근무 제한 요함

☐ **문제점**

- 근로자 특수건강검진 결과에 따른 별도 **조치 미제출**
- 관련법에 따라 야간근로 제한 등 미조치 시 **1천만 원 이하 벌금** 부과

☐ **조치계획**

- **(인사조치)** 야간근무 제한 대상자 근무형태 변경 요청(협조) / 인사과, 총무과
- **(결과 제출)** 특수건강진단 조치 결과 제출 → 지방고용노동관서
- **(노동관서 방문)** 근로자 조치 내용에 따른 노동관서 담당자 협조 및 협의

☐ **향후계획**

- 야간근무 제한 대상자(2명) 지속 관찰 및 면담 시행(계속)
- 0000년 근로자 특수건강검진 결과 시, 건강관리 구분 **확인 철저**

1 **개선 7**

'00년 특수건강검진 결과 관련 조치계획 보고

['00. 0. 00(화), 인사과]

☐ **현황 및 문제점**

- ○ '00년 노무직 특수건강검진 결과*에 따른 **조치 및 그 결과 미제출****
  * 2명[이00/청소과, 김00/00실)은 당뇨로 인한 야간근무 제한 요함
  ** 건강진단 결과표를 받은 날부터 30일 이내 제출(동 법 시행규칙 210조)
- ○ 관련법에 따라 미조치 시 **1천만 원↓ 벌금**(조치결과 미제출 시 3백만 원↓ 과태료)*
  * 00안전보건법 132조, 171조(적절한 조치) 및 175조(조치결과 고용부 제출)

☐ **조치계획**

- ○ **(인사발령)** 대상자의 근무형태 변경(야간→주간)(인사과, 총무과)*
  * 주간조로 인사발령('00.0.00) 난 이00 외에 김00은 즉시 주간조로 인사발령
- ○ **(결과제출)** 특수건강진단 조치 결과 제출(즉시)(→ 00지방고용노동청)
  * 조치결과 정식 제출 전, 사전에 담당부서 담당자 등과 협의 추진

※ '22년 특수건강검진 현황('00.0.00 ~ '00.0.00/ A병원, B병원)

구분	검진 인원	1차 완료	2차 대상	건강관리 구분		비고
				가, 나	다*	
A병원	145	00	00	00	-	
B병원	206	000	00	00	0	
합 계(명)	351	000	00	00	0	

☐ **향후계획**

- ○ 인사발령(이00 : 야간→주간)(즉시)
- ○ 00지방고용노동청과 업무 협의(인사발령 후~)
  * 건강검진결과 통보 온 시점('00.0.0)에 담당자 이직('00.0.00) 및 7년간 지체된 노사합의('00.0.0) 최종 마무리 진행 중에 있어 불가피하게 80일을 넘긴 점 설명

☞ ① 원본 7 분석

| 총평 | ▶ 참고내용이 소제목(검진결과)으로 작성되어 일관성 저해 |
| | ▶ 보고서의 생명인 참고내용이 부족하여 보고서 이해 어려움 |

■ 제 목

  ○ 제목박스의 제목 글자체가 **강약이 없음**

■ 본 문

  ○ 보고서의 내용은 문제점을 적시하고 이에 대한 조치계획을 언급하는 형태로 작성되어야 하나, **"~검진결과"를 소제목으로 하여 일관성 저해**
    * "~검진결과"와 "문제점"을 합쳐서 "현황 및 문제점"으로 변경 필요

  ○ "~검진결과"와 "문제점"에 대한 참고내용 등 **구체적 내용 부족**
    * 대상자에 대한 검진결과 및 관련 법 등에 대한 주요내용 언급 필요

  ○ 본문 상단의 '표'에 대한 제목이 없으므로 **제목 등을 작성하여야 함**

  ○ '표'를 상단에 배치하기 보다는 **상대적으로 내용이 빈약한 '조치계획'에** 배치하여 내용도 있어 보이고 전체적으로 균형잡힌 보고서가 되도록 할 수 있음

  ○ "조치계획"의 내용 중 "노동관서 방문"은 다른 내용과 **같은 수준**의 내용이 아니며, **향후계획(일정)에 포함**되어야 함

■ 향후계획

  ○ "향후계획"은 "조치계획" 중 구체적 내용에 대한 일정으로서, 추상적인 "~관찰", "확인 철저"보다 "인사발령(즉시)" 등 **구체적 내용으로 작성**함이 타당

1 원본 8

국산 폐지의 적체 해소를 위한 대책 방안 마련

◇ 세계적인 불황으로 종이 수요 급감 등 **국산 폐지의 적체 현상 심각**으로 **국민 불편이 발생**함에 따라 **적체 해소**를 위한 방안을 보고드림

□ 추진배경

○ 세계적인 불황으로 **종이 수요 급감**, 유럽국들이 **하락된 가격**˚으로 **폐지를 수출**하면서 국산 폐지의 물량 적체˚˚심각

　　* 폐골판지 수출 가격 1t당: 200달러('22. 上), 129달러('22. 9)
　　** 국내 제지 공장 폐골판지 재고량 15만t, 전국 폐지 재고량 5만8000t으로 35% 증가('22.9)

○ 폐지 **적체 해소**를 위한 **정부 및 지자체** 차원의 **대책 마련**이 필요

□ 추진방안

○ **(공공비축시설 지원)** 공공비축 시설을 지속적 확충˚, 관련업계에는 **폐지 보관료** 등 **지원**, **폐지수급관리위원회 운영**으로 협력체계 가동

　　* 정부 보유 비축 창고(양주, 음성, 안성, 청주, 정읍, 대구)에 3.5톤을 비축 공간 조성
　　** 제지사-원료업계-전문가 등으로 구성하여 폐지 수급 관련 협력

○ **(지자체와 협력체계 강화)** 지자체 차원에서도 **폐지 적체 해소방안 검토**˚ 및 국민생활 불편이 최소화되도록 **지자체별 대응계획 마련** 필요

　　* 폐지 수거가 힘들 경우 지자체 중심의 수거체계로 전환 및 비상 상황 대비 협력체계 논의

○ **(폐지 비축 공간 확보)** 수도권 공터나 매립지 등을 적극 발굴˚하여 공간 확보

　　* 근본적인 원인 해결을 위해 수십만톤 이상의 폐지 비축 공간 마련 필요

○ **(폐지 분리 배출 홍보)** 폐지를 버릴 때 **이물질 제거 배출**˚ 및 재활용 불가능한 종이에 대해 **폐기**하는 등 **홍보 강화** 필요

　　* 종이박스 등은 송장 스티커, 테이프 등 이물질 제거 후 다른 종이와 별도로 배출

□ 향후계획

○ 정부-지자체-민간 협의체 구성하여 분기별 추진상황 점검('25. 11.~)

1️⃣ **개선 8**

국산 폐지의 적체 해소를 위한 대책

['00. 0. 00(화), 재활용과]

☐ **추진배경**
- **(폐지 적체)** '세계적 불황으로 종이 수요 급감, 유럽에서 **하락된 가격***으로 폐지를 수출하면서 **국산 폐지의 물량 적체**** 심각
  - * 폐골판지 수출 가격 1t당: 200달러('22. 상), 129달러('22. 9)
  - ** 국내 제지 공장 폐골판지 재고량 15만t, 전국 폐지 재고량 5만8000t으로 35% 증가('22.9)
- **(대책필요)** 폐지 **적체 해소**를 위한 **정부·지자체** 차원의 **대책 마련** 필요

☐ **추진방안**

> ①비축공간 확보 및 공공시설 지원, ②지자체 협력 및 분리배출 홍보

- **(폐지 비축 공간 확보)** 수도권 공터나 매립지 등을 적극 발굴*하여 공간 확보
  - * 근본적인 원인 해결을 위해 수십만 톤 이상의 폐지 비축 공간 마련 필요
- **(공공비축시설 지원)** 공공비축 시설을 지속적 **확충***, 관련업계에는 **폐지 보관료** 등 **지원**, **폐지수급관리위원회 운영****으로 협력체계 가동
  - * 정부 보유 비축 창고(양주, 음성, 안성, 청주, 정읍, 대구)에 3.5톤을 비축 공간 조성
  - ** 제지사-원료업계-전문가 등으로 구성하여 폐지 수급 관련 협력
- **(지자체 협력)** 지자체 차원에서도 **폐지 적체 해소방안 검토*** 및 국민생활 불편이 최소화되도록 **지자체별 대응계획 마련**
  - * 폐지 수거가 힘들 경우 지자체 중심의 수거체계로 전환 및 비상 상황 대비 협력체계 논의
- **(폐지 분리배출 홍보)** 폐지를 버릴 때 **이물질 제거 배출*** 및 **재활용 불가능한 종이**에 대해 **폐기**하는 등 **홍보 강화**
  - * 종이박스 등은 송장 스티커, 테이프 등 이물질 제거 후 다른 종이와 별도로 배출

☐ **향후계획**
- 정부-지자체-민간 **협의체 구성**('25. 11.~12)
- 분기별 **추진상황 점검**('26. 1~)

☞ 1 원본 8 분석

| 총평 | ▶ 제목의 "방안"과 "대책"은 같은 의미로 중복 사용되어 <u>한 단어 삭제 필요</u>
▶ "추진방안"의 내용을 <u>유사한 내용 및 순서별로 재배치 필요</u> |

■ 제 목

  ○ 제목 글자체가 **다소 작고 강약이 없음**

  ○ "방안"과 "대책"은 **같은 의미**인데 **이중**으로 사용되어 **하나는 삭제**하여야 하고, 또한, "**~마련**"도 불필요한 단어로서 삭제하여야 함

  ○ 제목박스 우측 아래에 보고서 작성일자 및 작성부서가 **명기되어 있지 않음**

■ 본 문

  ○ 본문내용이 꽉 차 있어 굳이 제목 하단 박스의 **의례적 내용**("~보고드림")은 삭제하고, 굳이 필요하다면 "**추진방안**" 아래에 핵심내용을 요약한 박스는 가능

  ○ "추진배경" 아래 내용(제목)을 **괄호 "( )"로 작성**한다면 그 아래 "추진방안"의 **괄호 "( )"와도 어울려 시인성 향상 가능**

  ○ "추진방안" 내용 중 **유사한 내용 및 추진순서별로 순서를 변경** 작성 필요

    * 폐지비축공간 확보→공공비축시설→지원지자체 협력→폐지 분리배출 홍보

  ○ 문서 줄 간격이 과도하게 벌어져 있고 일관성 없음

■ 향후계획

  ○ "향후계획"의 내용도 가능하면 분리하여 **좀 더 구체적**으로 작성 필요

    * "협의체 구성"과 "추진상황 점검"은 분리하여 작성 가능

1 원본 9

'00년 구내식당 운영 현황 및 김치구매 개선 방안

['00. 0. 00(화). 운영지원과]

1 구내식당 운영 현황

☐ 구내식당 이용자 수 및 식대 단가 현황 (1식)

식대(1식)	급식대상	1일 인원	월 식대	1일 식재료비
4,000원	내근직	45명	80,000원 (20회)	4,000원 ×45명 = 180,000원
	현장직	30명	20,000원 (4~5회)	4,000원 ×45명 = 120,000원
				300,000원

월 식당 이용자	인원(명)	합계(월)
A 직	29	2,284,000
2. B 직	95	2108000
3. C 직	5	20000
4. 기타직	16	292,500
총 합 계	145	4,720,500

- 일일 식재료비 예산 기준 : **200,000원** (쌀, 음식물처리비용제외금액)/ 월 식재료비 **4,720,500원**

☐ 2022년 월수입 및 지출 현황

	수 입 (식대)	지 출 (식재료비)	잔 액
전년도 이월	61,323,947	60,456,798	1,287,296
1월	5,261,300	5,636,463	912,133
2월	4,749,980	4,799,488	862,625
3월	5,038,904	4,899,950	1,001,579
4월	4,669,000	5,219,149	451,430
5월	4,909,000	4,752,903	607,527
6월	4,905,582	4,925,910	587,199
7월	4,975,860	5,303,450	259,609
8월	5,218,500	4,961,416	516,693
9월	5,037,569	5,414,046	140,216
10월	4,951,610	4,213,774	878,052
11월	5,415,540	5,879,933	413,659
12월	5,040,690	5,309,797	144,552
계	60,173,535	61,316,279	144,522

☐ 연간 식재료 품목별 사용 비율

품목	총금액 (원)	비율(%)	비고(식재료)
쌀	3,904,722	6	국내산/햅쌀
농산물	13,458,644	22	야채 및 과일류, 잡곡류
수산물	8,460,655	14	김류 및 해산물류(주꾸미, 오징어, 생선류)
축산물	16,373,193	27	돈육(국내산)/우육(호주산)/닭(국내산)/계란
가공식품	13,327,445	22	공산품 및 양념류

배추김치	2,168,350	4	수입산
깍두기	1,061,340	2	국내산
비식품	1,076,773	2	쓰레기봉투 및 기타 소모품
음식물처리비용	1,440,000	2	주 2회 수거 (월6회) / 월 120,000원
계	61,271,122	100	

2 김치 구매 관련 개선사항

☐ 외부 기타이용자 500,000원 감소 → 22.1월부터 김치(수입산) 사용시작
 - 중앙센터근무자 (9명×5,000원) ~21.12까지 이용

☐ 연간 배추김치 소요량 및 수입산 vs 국내산 가격비교

소요량	사용 내역량	총 소요량
일일	10kg	10kg
월간	10kg×(10일)	100kg
년간	10kg×(10일)×12개월	1200~1240kg

	수입산 (농촌김치)	국내산 (농가김치)	국내산 (김수미김치)
연간 소요량 (kg)	1,240		
10kg 단가 (원)	17,500	35,000	54,900
연간 총 금액 (원)	2,170,000	4,340,000	6,807,600
전체 식재료비 김치 사용금액 비율	2%	7%	11%

☐ 김치(국내산) 구입방안 및 향후 계획

문제점	1. 수입산 김치 → 국내산 김치 구매 - 식대 인상분 없이 기존 식단구성에서 국내산 김치를 사용하였을 경우 　연간 **4,637,600원 추가 식재비**가 필요하므로 운영상 어려움이 있습니다.
방안	1. 식재료 품목 예산 지원 - **비식품 및 음식물처리비용** 식당예산 사용 2. 식재료 90% 현지(지역) 구매화 - 현 급식 납품업체(CJ) → 지역시장 및 세일마트 이용 3. 국내산 브랜드 김치 품평 후 적정 업체 선정
향후 효과	1. 운영기한 : 1/16~ 3/31 국내산 김치 예비 운영 후 재검토 - 운영점검 후 추후 계속 진행 2. 배추김치 국내산 브랜드 김치 사용 3. 위생적으로 안전하고 맛있는 김치를 안정적으로 공급함으로써 　직원들의 만족도 증진

1 **개선 9**

청사 구내식당 급식개선방안 검토 보고

['00. 0. 00(화). 운영지원과]

☐ **현황 및 문제점**

○ **김치** 등 수입산 메뉴의 품질저하에 따른 **국내산으로 대체** 필요성 증가

　* 배추김치를 중국산에서 국내산으로 대체 시 비용이 약 2~3배 증가

○ 최근, 코로나 및 우크라이나 전쟁 등에 따른 **급속한 물가상승 압박(5.3%↑)**

　* **(전년 동월 대비 물가)** 생활물가지수 5.7% 상승, 식품 6.4% 상승, 식품 이외 5.3% 상승

　** '22년 구내식당 전체 수입·지출현황 분석 결과 **약 115만 원 적자**

○ 타사*와 달리 **도시락 준비**에 많은 시간과 노력 투입으로 **장시간 소요 메뉴**** 한계

　* 00청의 경우, **추가 1명**이 장시간 소요되는 메뉴 및 설거지 전담(총 4명)

　** 나물, 계란말이, 튀김종류(생선, 채소튀김, 닭튀김 등), 수제까스(돈, 생선), 전 등

☐ **개선방안**

○ **(식대 인상)** [월식]8만 원(일 4,000원)→**9만 원**(4,500원)/[일식]4,500원→**5,000원**

〈연도별 식대 인상현황〉

2008	2009~2019.8(10년)	2019.9~2023.1(3년)	2023년 2월(인상후)
6.4만 원(3,200원)	7.2만 원(3,600원)	8만 원(4,000원)	9만 원(4,500원)

　* (00청) 부산 10만(250명, '22~), 00 9만(100명, '19~), 00 9만(60명, '22~), 00 9만(60명, '21~)

　** 중국산 배추김치를 국산 대체 시 **연 약 217~460만 원(월 약 18~38만 원)** 증가

　　· 배추김치(10kg) : (현재)중국산 1.7만 원→**(변경)국산 3.5~5.5만 원(2~3배)**

○ **(식수인원 증원)** 식수인원 부족*에 따라 일식은 **건강상 등 부득이한 경우**와 **외부 식수인원(외부출입자 등)**을 제외하고 **월식으로 의무 전환**

　* '21.12월까지는 내항 전력회사 직원(9명/월 약 70만 원)으로 인해 양질(국산김치)의 메뉴 가능

○ **(운영 지원 등)** 쓰레기봉투 등 소모품 및 음식물처리비 등 **지원**(월 약 21만 원)

☐ **향후계획**

○ 전직원 의견조회(노조 등과도 협의) 후 **즉시 시행**('00.2월~)

☞ **1 원본 9 분석**

| 총평 | ▶ 1장으로 가능한 보고서를 2장으로 만들어 <u>비효율적(특히 과도한 표)</u>
▶ 문제점 개선보고서임에도 육하원칙 등에 따르지 않아 <u>시인성 저하</u> |

■ **제 목**
- 제목이 너무 지엽적인데 좀 더 **포괄적인** 제목으로 수정하는 것이 타당
    * 지엽적 제목인 "구내식당 운영현황"+"김치구매 개선방안" 보다는 "~개선방안 검토보고"가 보다 포괄적이면서 좀 더 세련된 제목임
- 제목박스의 제목 핵심내용에 대한 **강약이 다소 부족**
- 제목 글자체가 너무 **굵고 뭉개져서** 시인성 저하

■ **본 문**
- 전체적으로 도표가 너무 많고 **빽빽하게 작성**되어 **시인성이 매우 저하**
- 1장으로 가능한 보고서가 2장으로 작성되어 **비효율적**이며 **시인성 저하**, 특히, 첨부로 넘겨야 할 **표가 과도하게 많아** 결재자가 이해하는 데 곤란
    * 표가 많으면 결재권자에게 구두로 설명해야 할 상황이 많아지므로 보고시간이 길어지고, 결재권자에게 안 좋은 이미지를 전달할 가능성이 많음
    (표는 참고로 넘기고 표를 요약하여 개조식으로 간략하게 작성 필요)
- 1, 2, 3 원칙 중 '3원칙' 즉, 큰제목 아래 소제목이 총 **6개로 작성**되었고, 개선 목적의 보고서임에도 문제점 적시 및 개선내용이 **체계적이지 않음**
- 두 번째 장 중간에서 **두음법칙**에 어긋나는 단어 수정 필요(**년간→연간**)
    * 예시 : 2023년도(○), 연도별(○), 2023연도(×), 년도별(×)

■ **향후계획**
- 향후 **일정 분리** 및 **추진 주체 명기** 필요

1 원본 10

빌딩 관리비 관리체계 개선 계획 보고

['00. 0. 00(월), 관리비TF팀]

□ 검토배경
  ○ 빌딩 관리비는 회사의 중요한 수입원(예산의 25%)임에도 **관리 사각**
  ○ 現 관리비 징수체계의 **문제점 파악 및 개선을 통한 수입 극대화**

□ 현황 및 문제점
  ○ **(관리비 발생 누락)** 임대료시스템 빌딩정보에서 **부과대상지정** →
    실적등록 → **발행**의 업무 진행 중 일부 **누락 관리비*** 발생
    * 최근 4년간 미지정 0건, 미등록 0건(**00만원**), 미발행 0건(**00만원**)
  ○ **(불안정한 관리시스템)** 매월 평균 **5회 이상***의 **긴급시설보수** 실시하는
    등 잦은 오류로 인한 **업무 지연 심각**
    * 긴급유지보수 : '20년 57건, '21년 65건, '22년 62건 / 별도 유선상담 다수
    ** 관리비시스템 구축 경과 : '13년말 도입, '15년 고도화, '17년 기능개선, '23년 기능개선 중
  ○ **(검증방법 부재)** 부과대상으로 지정된 빌딩이 세금계산서 청구까지
    완료되었는지 검증방법 부재 → **관리비 발생 누락 예방 곤란**
  ○ **(터미널 미수액 증가)** 미등록 관리비 증가*에 따라 미수업체 증가 →
    악성 미수 증가 및 관리비 미납풍토 확산
    * 미등록 사무실 등 : '18년 월간 0개 → '22년 : 월간 00여 개(00백만 원)
  ○ **(인력부족)** 현재 인원(0명)으로 연평균 000개 사무실, 000개 주차장
    분류, 청구, 검수, 회수, 문제해결 등 여러 종류의 업무수행으로 완성도↓

□ 개선방안
  ○ **(인력증원)** 사무실 분류·검증, 발생, 미수회수 등 **업무세분화**를 통한
    관리비 발생 누락 최소화를 위해 現 2명 → 4명으로 **2명 증원**(계약직으로
    1년간 시범운영 後 수익성 평가)
  ○ **(관리비·전산실 업무 통합)** 관리비 프로그램의 잦은 오류로 인한
    업무지연 방지, 효율적 관리를 위해 **관리비와 전산실업무 통합**

□ **기대효과**
  ο 장기미수 000만 원 등 0**억 원** 등 관리비 추가 징수 예상
        → **재정건전성 확보** 기여
  ο 관리비 프로그램의 체계적 관리로 **업무 효율성**↑
  ο **사무실 임차인에 대한** 관리비 **미납풍토 확산 차단**

□ **향후계획**
  ο 임차인 등에 관리비 징수 강화 관련 공문 발송
  ο 악성 고액 체납자 유료 추심 추진

붙임
1. 관리비업무 프로세스
2. 최근 4년간 누락 관리비
3. 최근 5년간 입항모선 및 미지정 화물 비율

1 개선 10

빌딩 관리비 관리체계 개선계획(안) 보고

['00. 0. 00(화), 관리비TF팀]

☐ **현황 및 문제점**

- ○ 빌딩 임대료관리시스템에서 **관리비 누락 발생* 및 검증방법 부재**
  * 부과대상 지정 → 실적 등록 → 발행의 업무 진행 중 **누락 관리비 발생**
  [최근 4년간 미지정 000건, 미등록 000건(**0억 원**), 미발행 000건(**0억 원**)]

- ○ 최근, **관리비 납부 회피 등***을 위해 세무사, 중개사 등을 통한 편법 **증가**
  * 관리비 악성 미수 증가 및 관리비 미납풍토가 확산되는 추세(도미노현상)
  [관리비 납부 회피현황 : '18년 월 0건 → '22년 : 월 000건]

- ○ 관리시스템이 월평균 **30회 이상*** 잦은 오류로 **업무지연 및 행정낭비 심각**
  * 관리비시스템 구축 경과 : '13년 도입, '15년 고도화, '17년 기능 개선, '23년 기능개선 중

☐ **개선방안**

- ○ (**인력 증원**) 빌딩 분류·검증·발행, 미수금 회수 등 업무세분화를 통한 **관리비 발생 누락 최소화**를 위해 **계약직 증원**(2명→**4명**)
  * 계약직 **1년(또는 6개월) 시범운영 후 수익성 평가(계약직 1명 약 2,500만 원)**

- ○ (**선납제 도입**) 수도권 외 미사용 중인 **키오스크* 설치**를 통해 미수금 차단
  * 미사용 키오스크는 영수증만 발행되고 쿠폰이 발행되지 않아 **상대적으로 사용빈도 낮음**

- ○ (**업무통합**) 프로그램 관리 등 유사업무의 효율적 관리 위해 **관리비·전산실 통합**
  * 관리비TF팀 2명과 전산실 2명을 통합하여 총 4명으로 운영

☐ **향후계획**

- ○ 계약직 채용 추진 및 임차인 등에 관리비 징수 강화 **공문 발송**(3월 중)
- ○ 수도권 외 미사용 **키오스크 즉시 설치**(3월 말)
- ○ **악성 고액 체납자**에 대한 추심 **전문업체 추심** 추진(4월~)

☞ ① 원본 10 분석

총평	▶ 한 장으로 가능한 보고서를 두 장으로 만들어 **비효율적**
	▶ 현황 및 문제점에 적시된 내용이 개선사항과 연결이 안 되어 **이해 어려움**

■ 제 목

  ○ 제목박스의 제목 핵심내용에 대한 **강약이 다소 부족**

■ 본 문

  ○ 현황 및 문제점에 적시된 내용이 **개선방안과 연결이 안 되어 이해 곤란**

   * 현황 및 문제점에서 적시된 내용이 **가능하면** 개선방안에 **1대 1로 매칭**이 되도록 보고서를 작성해야 **결재자의 이해도가 높아짐**

  ○ 1장으로 가능한 보고서가 2장으로 작성되어 **비효율적**이며, 마찬가지로 핵심내용에 대한 컬러 등 **강약이 다소 부족**하여 시인성 저하

  ○ 1, 2, 3원칙 중 '**3원칙**' 즉, 본문은 소제목이 "**3단**"이어야 하나 **5개로 비효율적**

   * "검토배경"과 "현황 및 문제점"은 하나의 제목으로 통합 필요
   ** 소제목으로 자주 사용하는 '**기대효과**'도 한 장 보고서에서는 **3단 구성** 원칙에 따라 **적절한 소제목 안으로** 스며들게 사용하는 추세(단, 볼드체, 밑줄 등으로 강조)

  ○ 불요불급하지 않은 **한자 사용(現, 後)**

  ○ 둘째 장의 "**붙임**"과 같이 불필요한 요식적 내용은 **한 장 보고서에는 불필요**

■ 향후계획

  ○ 향후일정이 불분명하다 하더라도 개략적인 **일정은 명기 필요**

쉬어가기 : 공직생활 에피소드 1

2 시행계획 보고서

☐ **개   요**(근거 또는 배경, 기간, 대상, 예산 등)
☐ **시행계획**(또는 조치계획, 추진계획, 추진방안)
  * **기대효과** 및 **그간 경과**는 필요시 여기에 작성
☐ **향후일정**(또는 향후계획)

> 1. 직원 복지상품권 구입 추진계획(안)
> 2. '00년도 00감시원 근무복 경쟁입찰 추진계획
> 3. 근무우수자 공로 심의제 시행 계획
> 4. 보건직 계약직의 정규직 전환 계획(안)
> 5. 환경미화원 정규직 전환 위한 체력측정계획(안)
> 6. 삼경(주) 채용실태 정기 전수조사 추진계획
> 7. 문화재 관리직 정규직 전환 시 "호 봉" 부여계획
> 8. '00년도 전직원 독감 예방 접종 시행 계획
> 9. 제1차 국제여객 재개 대비 합동 안전 및 운영 점검계획
> 10. (자율기구) 광역급행트램신속개통기획단 업무추진 계획

② 원본 1

직원 복지상품권 구입 추진계획(안)

['00. 0.00(목), 총무과]

☐ **개 요**
- 직원복지 및 사기진작을 위한 000상품권 구입 추진
- **지역경제 활성화** 및 정부 시책에 따라 **전통시장 활성화** 분위기 조성

☐ **추진 계획**
- **(상품권 구입)** 상품권[1인당 30만원] 구입*
  * 000상품권 종류(3종) : **충전식카드형****/ 지류상품권 / 모바일상품권
  ** 충전식카드형 구입금액의 **10% 할인 적용**, 지류/모바일상품권은 할인 없음.
- **(구입처)** 0000진흥공단 000상품권
  * 기업(법인)전용 000상품권(biz.e-***********)
- **(지급시기)** 연 **2회**(1월, 7월)
- **(지급대상)** 전 임직원['00.0.00 기준]
- **(지급방법)** 임직원 문자발송 → 개인카드(앱) 등록*
  * 앱 설치(000상품권) → 카드등록(BC, KB국민, NH농협, 삼성, 신한, 하나, 현대, 롯데) → 사용

☐ **소요 예산**

구 분	단가(천원)	인원(명)		금액(천 원)	예산과목	비고
000 상품권	000	사무직 00	000	1.2억 원	· 복리후생비	
		현장직 000				

* 예산(1.2억 원) 대비, **10% 예산 절감** (단, 구입처 예산 소진 시 변동 가능)

☐ **향후계획**
- 「000 상품권 수령 확인 서명부」 작성
- 개인카드(앱)등록 및 사용 방법 등 별도 알림

2 **개선 1**

직원복지 및 지역경제 활성화 위한 상품권 지급계획

['00. 0.00(목), 총무과]

☐ **추진개요**

○ **(근 거)** '00년도 공기업·준정부기관 **예산운용지침** 준용('00년도 동일)

　* 매년 기획재정부(공공기관운영위원회)에서 총인건비, 경상경비 인상안 등 발표

○ **(목 적)** 직원복지·지역경제 및 침체된 **전통시장 활성화** 분위기 조성

☐ **추진방안**

○ **(지급시기) 연 2회**(상반기 1월, 하반기 7월)

○ **(지급대상)** 전직원 총 <u>000명</u>*('00.0.00 기준, 6개월 이내 휴직자 포함)

　* 사무직 00 / 현장직 000명(공무직 000, 기타 000)

○ **(지급상품)** <u>충전식카드형</u> 000상품권(0000진흥공단)*

　* 000상품권 종류(3종) : **충전식카드형** / 지류상품권 / 모바일상품권

○ **(지급방법) (회사)**임직원에게 문자발송 → **(직원)**개인카드(앱) 등록*

　* 앱 설치·등록(000상품권) → 카드등록(BC, KB국민, NH농협, 삼성, 신한, 하나, 현대, 롯데) → 사용

○ **(소요예산)** <u>약 1.2억 원</u>*<u>(1인당 00만 원)</u> *복리후생비

　* 충전식카드형 상품권은 구입금액의 **10% 할인**(지류·모바일은 할인 없음)되어 예산(1.2억 원) 대비 **10%(0.12억 원) 절감**(단, 구입처 예산소진 시 변동)

☐ **향후계획**

○ 개인카드(앱) 등록 및 사용 방법 등 별도 알림(1.26)

○ 「000 상품권 수령 확인 서명부」작성(1월 말)

☞ ② 원본 1 분석

| 총평 | ▶ 제목과 본문내용이 상호 배치되어 보고서를 이해하는 데 혼란
▶ 향후계획의 일정은 추정일정이더라도 적시 필요 |

■ 제 목

ㅇ 시인성 향상을 위해 제목에서 **핵심단어**를 **컬러 등으로 강조** 필요

ㅇ 제목만 보면 **상품권 구입계획**만 하는 것으로 오해 소지(제목과 본문 일치 필요)

   * 제목은 "구입계획"이나 본문내용은 "구입하여 **지급**할 계획"으로 되어 있으므로, 시간상 "구입계획"보다 뒤에 일어나고 핵심내용인 "지급계획"으로 작성함이 타당

■ 본 문

ㅇ "개요"에서 상품권 지급을 위한 **선결 근거**가 있었음에도 **누락**

   * 1장짜리 보고서라도 완벽한 보고서를 위해서 근거 등 **참고자료는 필수 작성**

ㅇ "추진계획"에서 **육하원칙**을 적절히 적용하지 못하여 본문의 **흐름이 부자연**

   * 위의 제목에서 설명한 것처럼, 제목과 본문이 배치된 상태에서 "추진계획" 내에서 "구입계획"과 "지급계획"을 동시에 작성하려다 보니 **육하원칙에서 혼란 발생**

ㅇ "소요예산"은 **다른 소제목과 같은 수준이 아니므로** "추진계획" 내에 포함시켜야 하며, 또한, **표가 너무 앞으로 나와 있어** 문서의 상하관계 위배

ㅇ 표로 된 "소요예산"은 결재권자가 보기 불편하므로 가능하면 표 위에 **1줄로 핵심내용을 설명**하거나, 표를 삭제하고 **개조식으로 간단히 작성** 필요

■ 향후계획

ㅇ 향후 일정이 불확실하더라도 계획이므로 **예상되는 구체적 일정은 적시 필요**

2 원본 2

'00년도 00감시원 근무복 경쟁입찰 추진계획

['00. 00.00(목), 복제관리팀]

경쟁입찰을 통한 근무복의 <u>적기 지급</u>, <u>예산 절감</u> 및 <u>투명성 강화</u> 목적

☐ 현 황
○ 00감시원 직원의 근무복(5종)* 공개경쟁입찰계약 진행
  * **한여름옷, 하복, 동복**(내용연수 1년), **방한점퍼**(내용연수 3년, 복제변경 첫해 외근직전원 지급), **방한바지**(내용연수 4년)

○ 피복개선TF 결과 외근직* 근무복(5종) 복제형식, 재질, 색상 변경
  - 단, 00특수복 착용자(00명) 제외
  * 총 000명 : 내해 000명, 외해 000명

  ※ (복제명칭)* 시대적 변화에 따라 품목 표현변경
    (기존) 성하복 ⇒ 한여름옷, (기존) 춘추복 ⇒ 하복
  * 0000법 시행규칙 「별표2」 급여품표 준용

☐ 시행방안
○ **(입찰품목)** 근무복(5종) 0000벌(한여름옷 상의만 0벌)
○ **(기초단가)** 151,344,800원(3년 평균단가, 추정단가, 물가상승률 2.6% 반영)
○ **(입찰공고)** 0월 0일~00일(10일간), 조달시스템 경쟁입찰
○ **(복제형식)** 동복(와이셔츠형 ⇒ **점퍼형**, 가디건형), 방한점퍼(점퍼겸용 ⇒ **단일형**), 색상(하늘색, 회색 ⇒ **다크네이비**)으로 변경
○ **(동복지급)** 동복상의(점퍼, 가디건) 격년제 지급

※ **(추정소요예산)** : 약 1억 35백만 원(기초금액 대비 89% 적용 시)
  ■ <u>연간 약 4,200만 원 절감</u>[예산단가적용(177,430천 원) 대비]

☐ 향후계획
○ 낙찰업체 계약 체결(1.17, 완료)
○ **(복제납품)** 하복(3월내) 한여름옷(5월내), 동복 및 방한복(10월내)

2 **개선 2**

'00년도 00감시원 근무복 경쟁입찰 추진계획

['00. 00. 00(목), 복제관리팀]

경쟁입찰을 통한 근무복의 **적기 지급, 예산 절감** 및 **투명성 강화**

☐ **현 황**
- '00년부터 00감시원 직원 근무복(5종)* **통합** 공개경쟁입찰계약 추진
    * **한여름옷**(기존, 성하복), **하복**(기존, 춘추복), **동복**(내용연수 1년), **방한점퍼**(내용연수 3년, 복제변경 첫해에는 외근직전원 지급), **방한바지**(내용연수 4년)
    ☞ 0000법 시행규칙「별표2」**급여품표** 준용
- 피복개선TF* 결과 외근직* **근무복(5종)** 형식, 재질, 색상 변경 필요 의견
    * TF팀 : 팀장(00감시팀장), 운영지원팀 2명, 복리후생팀 2명 등 총 5명

☐ **시행방안**
- **(기 간)** '00. 1. 5~15(10일간, 정부조달시스템 경쟁입찰)
- **(대 상)** 총 000명 [내해 000명, 외해 000명] *단, 특수복 00명 입찰 제외
- **(수 량)** 근무복(5종) 0000벌 (한여름옷은 하의 없이 상의만 2벌씩)
- **(색 상) 다크 네이비**(하늘색, 회색 ⇒ 다크네이비)
    * **동복**(와이셔츠형⇒**점퍼 및 가디건형**을 격년제), **방한점퍼**(내·외피 분리⇒내·외피 단일**형**)
- **(예 산)** 약 1.3억 원(기초단가 대비 **89%** 적용할 경우)*
    * 기초단가 1.51억 원(3년 평균 및 추정단가, 물가상승률 0.0% 반영/ 약 4,200만 원 절감)

☐ **향후계획**
- 낙찰업체와 **계약 체결**(1.17)
- 계절별 **근무복 지급**(하복 3월, 한여름옷 5월, 동복·방한복 10월 이내)

☞ ② **원본 2 분석**

총평	▶ 전체적으로 줄도 안 맞고 빈공간도 많아 보고서가 <u>성의 없어 보임</u> ▶ 시행방안 내용이 <u>육하원칙에 따라 작성되지 않아</u> 내용파악이 어려움

■ 제 목

　○ "'00년도 00감시원"의 글자크기가 뒤의 글자크기 보다 작아 **일관성 저해**

■ 본 문

　○ 본문 상단 요약박스 글자체가 본문 글자체와 같고 **배경색이 없어 글자체 변경 및 배경색 삽입으로 부각 필요**

　　* 요약박스는 반드시 필요한 사항은 아니나, 본문내용이 부족하여 빈 공간을 채우거나 결재권자의 시인성 확보를 위해 넣는 경우가 있음

　○ 소제목 **"현황"** 내용 부실로 빈 공간(우측)이 많고, "피복개선TF"에 대한 부가적인 설명이 필요하므로 **별표(*)로 내용 설명 필요**

　○ **수염표시(-)가 별표(*)보다 상위개념**이므로 계단식 배치 필요

　○ **당구장 표시(※)의 크기 및 글자체가 상이하여 일관성 저해**

　○ 소제목 **"시행방안"** 내용이 **육하원칙에 따라 작성되지 않아** 내용파악이 어려움

　○ 시행방안의 "복제형식"에서 **문단이 끊겨** 다음 줄로 넘어가 **시인성 저하**

　　* "방한점퍼(점퍼겸용 ⇒ **단일형**)"

■ 향후계획

　○ 향후계획에서 위아래 내용의 작성방법(괄호 등)이 **일관성 없음**

　　* 첫줄 형식과 달리 두 번째 줄의 "(복제납품)"은 문단형식의 일관성 유지를 위해 괄호를 없애고, "근무복 지급"으로 수정함이 타당

2 **원본 3**

근무우수자 공로 심의제 시행 계획

('00. 6. 1, 총무팀)

□ **배 경**
- ㅇ 공항 무단이탈 저지·검거, 마약·금괴 등 밀수 적발 등의 중요 공적 정도는 아니더라도, 적극적인 근무를 통해 보안사고 등 예방에 기여한 경우(기타 적발)에 그 공로를 적의 포상함으로써 보안외근 근무자의 적극적 보안활동 유도 및 사기 진작

□ **세부 계획**
- ㅇ 매월 **적발보고서**를 기준으로 공로자 명단 작성
- ㅇ 보안공로 심의
  - 매월 초 전월 보안공로에 대해 보안본부 **자체 심의**
    * 참석자 : 보안실장, 공항보안팀장, 터미널보안팀장, 상황실장 등
  - 포상은 **공로점수 및 상품권**으로 구분
    * 공로점수는 심의를 통해 0.1점 ~ 3점까지/ 상품권 수여 여부 결정
- ㅇ 매월 심의에 따른 결과표 〈별지1〉 작성 및 게시판에 공지
- ㅇ 보안공로 점수는 청경 전환, 승진 등 **인사 참고자료**로 활용

□ **예산 (포상비 300만 원)**
- ㅇ <u>월 평균 5건</u>(건당 5만 원, 매월 25만 원)* 12개월 300만 원 소요

□ **행정사항**
- ㅇ '25.7.1.부 시행
  - 6월초 자체 심의 및 게시판 공지
- ㅇ 예산팀장은 예산 관련 협조

끝.

② 개선 3

근무우수자 보안공로 심의제 시행계획

['00. 6. 1(월), 총무팀]

□ **배 경**

  ○ 그간, 공항 무단이탈 저지·검거, 마약·금괴 등 밀수 적발 등 **중요보안사고** 예방에 기여한 직원에게는 최근 **특별 승진 등***의 포상이 있었으나,

   * 특별승진(2명) : 홍길동, 임꺽정 / 포상(3명) : OOO, OOO, OOO

  ○ 이외, **경미한 기타 보안사고** 예방에 기여한 직원에 대하여는 포상 등 동기 부여가 없어 직원들의 사기 저하로 **사기 진작 필요성** 증대*

   * 사장 지시사항('25. 3월 월간회의 및 주간회의 시 지시)

□ **시행방안**

  ○ **(기간)** '25. 7. 1부터 **매월** 시행(예산 범위 내)

  ○ **(대상)** 공항 보안 외근직 총 **1,000명**(공항·터미널 등)

  ○ **(방법)** 자체 심의위원을 구성*하여 심의·포상(매월 적발보고서 기준)

   * **보안실장(위원장)**, 공항보안팀장, 터미널보안팀장, 상황실장 등 위원 5명 내외

  ○ **(포상)** 공로점수 부여* 및 **상품권 지급**(온누리상품권 : 5만 원)

   * 공로점수(0.1~3점)는 청경 전환 및 승진 등에 참고자료로 활용 예정

  ○ **(예산)** 300만 원(월평균 5건×5만 원×12개월)

□ **향후계획**

  ○ **사규 개정 검토·추진(6월)**

   * 보안공로 심의제 자체 심의 및 게시판 공지(6.1)

  ○ **보안공로 심의위원 구성(6월)**

  ○ **보안공로 심의제 시행(7.1)**

② 원본 3 분석

총평	▶ 문서가 전체적으로 체계적이지 않고 어수선하여 <u>시인성 저하</u> ▶ 육하원칙에 따른 보고서 작성이 안 되어 내용을 <u>이해하기 어려움</u>

- **제 목**

  ○ 제목이 컬러 등 **강약이 없고** 박스에 비해 글씨가 너무 커서 **시인성 저하**

- **본 문**

  ○ 본문에서 핵심적인 내용에 대해 **강약이 없어 시인성 저하**

  ○ **"배경"** 에서 글자수만 많고 핵심적인 내용은 없으며, 참고할 만한 근거를 제시하여야 하나 그러한 **근거자료도 부족**

  ○ 1, 2, 3 원칙 중 '**2원칙**'인 2줄 내로 작성되지 않고 **4줄**로 작성

  ○ 1, 2, 3원칙 중 '**3원칙**', 즉, **3단**으로 구성되어 있지 않는데, 소제목 "예산"은 다른 소제목과 대등한 위치가 아니므로 **"시행방안"에 포함** 필요

  ○ 육하원칙을 적절히 적용하지 못하여 본문의 흐름을 **한눈에 보기 어려움**

  ○ 소제목의 내용은 볼드체인데 문자표 네모(□)는 볼드체가 아니라 일관성 저해

- **향후계획**

  ○ 최근의 1장짜리 보고서에서는 사문화되어 버린 **"행정사항"** 및 **"끝"**을 불필요하게 사용하고 있고, **향후일정 내용도 부족하고 불명확**

  ○ "~예산팀장은 예산 관련 협조"와 같은 **불필요한 내용은 삭제**

    * 위 보고서는 **사전에 예산팀장과 협조된 사안**이고, 예산팀 외에 관련부서에 **전자문서로 전송**될 예정이므로 굳이 위와 같은 불필요한 문장을 쓸 필요 없음

② 원본 4

보건직 계약직의 정규직 전환 계획(안)

1. 추진배경
□ "OO의료원 근로자의 고용안정과 처우개선을 위한 협약서('00.0.0)"에 따라 보건직 계약직의 정규직 전환 실시

* 現 보건 계약직 경력기간

(단위 : 명)

구분	1년 미만	1년~2년	2년~3년	3년~4년	4년~5년	5년 이상	합계
인원	45	45	10	38	37	55	230
비율	20%	20%	4%	17%	17%	24%	-

2. 보건직 계약직의 정규직 전환 계획
□ (전환범위 및 대상) 現 OO의료원 소속 보건 계약직 전원
□ (평가방법) 객관적이고 투명한 전환 절차를 통한 공정한 전환 실시

> ※ 인사관리규정 시행세칙 제16조(신규채용 원칙) 제4항
>
> **무기계약직 또는 계약직 중에서 근무우수 직원, 정규직 채용을 목적으로** 사전 계약직으로 채용한 경우, 의료원에서 필요한 해당업무 전문직으로 해당 경력이 있는 경우에는 정원의 범위 내에서 **인사위원회 심의를 거쳐 정규직으로 전환할 수 있다.**

□ (정규직 전환 심사위원회 구성) 공정하고 투명한 심사위원회 구성
  ○ 공사 사규 및 공직유관단체 채용가이드라인 준수하에 **외부 심사위원 과반수 이상**으로 정규직 전환 심사위원회 구성 필요
    - 내부위원 2명과 외부위원 2명 이상
  ○ 전환 절차별 감사관 참석을 통한 공직유관단체 채용점검 대비

□ 정규직 전환 평가 계획

○ 1안

구분	평가방법	비고
평가사항	◦ 제출서류 심사 : 범죄경력조회서 및 시력측정 - 사규 및 관렵법에 따른 적합여부 검증	적합여부
	◦ <u>경력(70%)</u> + 근무평정(20%) + <u>체력측정(10%)</u>	평가비중

평가방법	◦ **경력 평가** : 계약직 평균근속 3년 8개월 참고
	  - 1년 미만 60점, 이후 1년 이상 2년 미만 70점
	  - 2년 이상 3년 미만 80점, 3년 이상 4년 미만 90점
	  - 4년 이상 100점
		항목별
		과락
		미적용
		항목별
		과락
		미적용

	◦ **체력측정** : 자체 체력측정 시행
	  - 대국민 체력인증 관심 증가로 인한 국민체력100센터 측정 예약
	    불가(230여 명의 대규모 측정 불가)
	  - 00지역 센터 4~5월 측정 예약 완료
	  - 체력측정 기간 중 **부득이한 부상으로 인한 경우**
	    최저 점수 40점 부여(진단서 등 증빙서류 첨부)	

	◦ **근무평정** : 최근 1년 이내('22년 상·하반기) 평균점수 반영
	  - **최근 입사자의 경우**, 하나의 반기 점수만 있는 경우
	    하나의 반기 그대로 반영하고, 근무평정이 없는 경우 80점 반영
	    * '22년 계약직 근무평정 평균 81.7점 참고	

심사기준	◦ 각 항목별 점수를 합산하여 총점 산출 ◦ 총점의 60점 미만자는 정규직 전환 탈락 ◦ 제출서류 심사 시 부적합인 경우 전환절차 제외 - 정규직 전환 취지에 따라 향후 재기회 부여	

※ 점수 산정 예시

① 경력 산정 : 근속년수 9개월인 경우 60점 (70% 반영 42점)
② 근무평정 : '22년 근무평정 평균 80점 (20% 반영 16점)
③ 체력측정 : 부상으로 인한 최저점수 40점 (10% 반영 4점)
⇨ 총점 62점으로 정규직 전환 심사 합격

○ 2안

구분	평가방법	비고
평가사항	◦ 제출서류 심사 : 범죄경력조회서 및 시력측정 – 사규 및 관련법에 따른 적합여부 검증	적합여부
	◦ <u>경력(60%)</u> + 근무평정(20%) + <u>체력측정(20%)</u>	평가비중
평가방법	◦ 경력 평가 – 1년 미만 60점, 이후 1년 이상 2년 미만 70점 – 2년 이상 3년 미만 80점, 3년 이상 4년 미만 90점 – 4년 이상 100점	항목별 과락 미적용 항목별 과락 미적용
	◦ 체력측정 : 자체 체력측정 시행 – 대국민 체력인증 관심 증가로 인한 국민체력100센터 측정 예약 **불가**(230여 명의 대규모 측정 불가) – 00지역 센터 4~5월 측정 예약 완료 – 체력측정 기간 중 부득이한 **부상으로 인한 경우 최저 점수 40점 부여**(진단서 등 증빙서류 첨부)	
	◦ 근무평정 : 최근 1년 이내('22년 상·하반기) 평균점수 반영 – 하나의 반기 점수만 있는 경우 하나의 반기점수 반영 – 근무평정이 없는 경우(최근 입사자) 80점 반영 * '22년 계약직 근무평정 평균 81.7점	
심사기준	◦ 각 항목별 점수를 합산하여 총점 산출 ◦ <u>총점의 60점 미만자는 정규직 전환 탈락</u> ◦ 제출서류 심사 시 부적합인 경우 전환절차 제외	

3. 향후계획

○ 구체적 경력 산정 등은 노사 간 협의 후 반영
○ 신속한 전환 절차 이행을 위한 **체력측정 및 서류제출은 사전 이행**
○ 부서별 업무협조를 통한 **정규직 전환 절차 관련 전 직원 협조 필요**

2 개선 4

보건직 계약직의 정규직 전환 계획(안)

(0000. 0. 00. 월. 인사팀)

☐ **배 경**
- (근거) "근로자의 고용안정과 처우개선을 위한 협약서('00.0.00)"
- (배경) '00년 무기직 전환 이후 정규직 전환에 대한 **사회적·정치적 분위기 조성** 및 근로자에 대한 **사기 진작 필요성**

☐ **추진방안**
- (기간) '00. 0. 0 ~ 0. 00(노사협의 결과에 따라 유동적)
- (대상) 보건직 계약직 전원(총 230명)

[보건직 계약직 경력기간(현재)]

구분	1년 미만	1년~2년	2년~3년	3년~4년	4년~5년	5년 이상	총계
인원(명)	45	45	10	38	37	55	230
비율(%)	20	20	4	17	17	24	-

- (방법) 전환평가 및 인사심의위를 거쳐 전환*
  - 전환평가 : 근무평정은 20%로 고정, 경력과 체력비중 증감
    · (1안) 경력(70%)+근무평정(20%)+체력(10%) (경력비중이 큼)
    · (2안) 경력(60%)+근무평정(20%)+체력(20%) (체력비중이 큼)

  * 인사관리규정 시행세칙 제00조(신규채용 원칙) 제4항

  - 인사심의 : 사규 및 유관단체 채용가이드라인하에 외부위원 과반수 이상

☐ **향후계획**
- 체력측정 및 서류제출 시행(0월)
- 경력 산정 및 반영 등(00월)

※ 정규직 전환 절차 관련 전사적 협조 필요(체력측정 및 서류 보안본부 분담 등)

☞ ② 원본 4 분석

| 총평 | ▶ 1장으로 가능한 보고서를 3장으로 만들어 비효율적(특히, 표 형태)
▶ 육하원칙 중 가장 중요한 항목인 "기간" 누락(생략) |

■ 제 목

　○ 제목박스의 제목에서 **컬러 등 강약이 부족**

　○ 제목박스 우측 아래에 보고서 작성일자 및 작성부서가 **명기되어 있지 않음**

■ 본 문

　○ "추진배경"을 "추진개요"로 바꾸고, 그 아래 "□"을 "○"로 만들며, "○"를 하나 더 추가하여 **시인성 향상 및 체계화 필요**

　○ 1장으로 가능한 보고서가 3장으로 작성되어 결재자가 결론을 보기 위해 3장을 끝까지 다 읽어야 하므로 매우 **비효율적인 구성**

　　* 양이 많은 **표 등은 본문에 간단히 요약**하고 **첨부로 넘김**

　○ 육하원칙 중 필요한 내용으로만 압축했지만 그중 가장 중요하다고 판단되는 **"기간"을 누락(생략)**하여 추상적 계획으로 변질될 개연성 있음

　　* 문서내용이 많다 보니 문서 작성자가 중요내용을 누락할 개연성이 높음

■ 향후계획

　○ 향후 일정은 불확실하더라도 계획이므로 **예상되는 일정은 적시 필요**

② 원본 5

환경미화원 정규직 전환 위한 체력측정계획(안)

(0000. 0. 0. 화. 인사기획팀)

☐ **추진배경**

   ㅇ "00광역시 근로자의 고용안정과 처우개선을 위한 협약서('00.0.0)"에 따라 내근 및 외근직 **환경미화원 무기계약직의 정규직 전환 절차 이행**

☐ **체력측정**

   ㅇ 재직 중인 **내근 및 외근 환경미화원 무기계약직 전원을 대상**으로 시행

   ㅇ **국민체력100(수도권 전지역)**에서 자체 측정일정에 따라 **공인 체력측정 시행**

     - 체력측정 일정표

(단위 : 명)

구분	5.9(화)	5.10(수)	5.12(금)	5.17(수)	5.23(화)	5.24(수)	5.26(금)	합계
인원	40	40	20	30	40	40	20	230

☐ **부서별 협조사항**

   ㅇ **(인사기획팀)** 환경미화원 정규직 전환 심사 평가에 체력측정 결과 반영

     * 체력측정 결과 정규직 전환 평가 시 반영 비율 검토 등

   ㅇ **(환경관리팀)** 일정에 따른 환경미화원 정규직 전환 체력측정 시행

     * 전환 대상자 체력측정 독려 등

☐ **향후계획**

   ㅇ 체력측정 결과 취합 후 정규직 전환 심사 평가 반영(5월 중)

② **개선 5**

환경미화원 정규직 전환 위한 체력측정 계획(안)

(0000. 0. 0. 화. 인사기획팀)

☐ **개 요**

- **(근거)** "근로자의 고용안정과 처우개선을 위한 **협약서**('00.0.00)"* 및

    "00광역시 환경미화원 **정규직 전환계획**(인사-1234, '00.0.00)"

    * "협약당사자들"은 내·외근 환경미화원을 **정규직으로 전환**하기 위해 노력한다."

- **(대상)** 환경미화원 전원(총 30명 : 내근 10명, 외근 20명)*

    * 전환계획 수립일 기준 최근 5년간 비리 및 징계 등에 해당되지 않은 자

☐ **추진방안**

- **(기간)** '00. 0. 0(화) ~ 00(금)(7일간)
- **(장소)** 국민체력 100 ABC센터(서울, 경기, 인천 등 수도권지역 3개소)
- **(주관)** 인사기획팀(단, 환경관리팀은 체력측정 시행)
- **(항목)** 3개 항목(기초검사*, 건강체력, 운동체력항목) 6개 분야**

    * (기초검사) 혈압 등 문진 검사(PAR-Q)를 통해 체력검사 가능 대상자 분류

    ** (건강체력항목) 근력, 근지구력, 심폐지구력, 유연성/ (운동체력항목) 민첩성, 순발력

☐ **향후계획**

- 체력측정 결과 취합·제출(5월/ 환경관리팀→인사기획팀)
- 체력측정 결과전환 심사 평가 반영(6월/ 인사기획팀)

    ※ 환경미화원 신규 입사자 체력측정 추가 실시(7월~)

☞ ② 원본 5 분석

| 총평 | ▶ 제목과 소제목, 소제목과 소제목 간 <u>일관성 부족</u>
▶ 본문 내용에 대한 <u>참고내용 부족</u> |

■ 제 목

○ 제목박스의 제목에서 **컬러 등 강약이 다소 부족**

■ 본 문

○ 1, 2, 3 원칙 중 '**3원칙**' 즉, 소제목이 불필요하게 **4개로 작성**되었고, **육하원칙**을 적절히 활용하지 못하여 본문의 흐름을 **한눈에 보기 어려움**

○ 소제목은 제목박스의 **제목과 일관성**이 있어야 하고, 또한, 소제목 간에도 일관성이 있어야 하나 **일관성이 전혀 없이** 작성됨

　＊ **(제목)** ~ 측정계획/ **(소제목)** 추진배경, 체력측정, 부서별 협조사항, 향후계획

○ "**부서별 협조사항**"은 다른 소제목과 대등한 관계가 아닌 **소제목의 하위개념**인 참고사항으로서 당구장표시(※) 등으로 작성되어야 함

○ 본문의 내용이 참고내용 없이 **단순한 문단**으로만 이루어져 내용 파악이 어려움

　＊ 별표(＊) 등으로 참고표시를 하여 **구체적 내용에 대하여 부가적인 설명** 필요

■ 향후계획

○ 향후 일정이 비록 구체적이지 않다 하더라도 **어느 정도 세분화 필요**

② 원본 6

삼경(주) 채용실태 정기 전수조사 추진계획

□ **추진배경**
  ○ '00년부터 자회사의 채용 전수조사 결과 매년 **위반사례가 감소**'하는 추세로 '00년부터 그간 조사결과를 반영한 **효율적 점검방식**으로 **전환 시행** 중
    - '00년도 본사 추진계획을 반영하여 금년도 3월내 전수조사 완료 추진
      * 처분건수(건) : ('18) 51→('19) 69→('20) 92→('21) 92→('21) 31→('22) 18→('23) 12

  〈전년도 조사결과〉
  ○ 삼경(주) 28개 자회사 중 경영평가 유무, 채용관련 처분현황, 정기종합감사 대상유무 등을 반영하여 20개 자회사(필수 13, 재량 7)*에 대해 **점검** 실시('00.0.~00.)
    - 20개 자회사 중 12개(행정상 00건, 신분상 0건) **지적**하여 처분사항 통보('00.00)

□ **조사개요**
  ○ [대   상] 본사 추진계획에 따라 **필수조사**(경영평가 대상) 및 **재량조사**(최근 3년간 처분유형 및 '23년 실태조사 유무 등)로 분류한 8개 자회사 대상
    - (필수조사) '경영평가' 및 3년 내 '징계이상' 적발 등 4개 자회사
    - (재량조사) 기타 재분류 7개 자회사를 포함하여 최근 3년간 적발이 없거나 경미한 위반(주의·경고) 자회사 중 '00년 실태조사 미실시 4개 자회사'

〈조사유형별 대상기관 분류(안)〉

필수조사(4개 기관)			재량조사(4개 기관)
경영평가(2)	징계처분(1)	실태조사 미실시(1) (3년내 1회 이상)	0000년도(4)
A자회사 B자회사	C자회사	D자회사	E자회사 F자회사 G자회사 H자회사

* '25년까지 재량조사(3년 내 1회 이상) 대상기관 전수조사 완료 예정('26년부터 순연 예정)

○ **[대상기간 및 내용]** 각 자회사에서 '23년도에 실시한 **신규채용 및 정규직** 전환과정에서의 **직정성 여부** 등 **채용 전반사항 점검**
   - 비리제보·언론의혹 등이 있는 경우 기간에 관계없이 조사 실시

○ **[조사반 편성]** 본사 감사실 주관으로 **4개 점검반**으로 **편성**하여 **시행**
   - **정기감사**를 포함한 자회사에 대하여 **3월 내 점검 완료**하되, 자회사별 **채용현황**(공고건수, 채용인원 등)을 **감안**하여 점검반이 기간 및 일정 등 **자율 조정**

○ **[조사일정]** 금년도는 정기감사(종합감사 및 근무기간 점검 등) **일정*** 등을 감안하여 **채용 실태조사 대상 자회사**(8개)에 대해 **'00. 0월내 점검 완료**
   * 종합감사(14개 자회사), 특정감사, 합동감사(2회), 근무기강 점검(4회 이상) 등 감사일정 0~00월 집중

□ **착안사항**

구분	착안사항
신규 채용	① **(채용계획 수립)** 응시자격 자의적 설정 여부, 점적 근거없는 '특별채용' 여부, 인사위원회 심의 절차 준수, 채용계획 감독부처 사전협의 준수여부 등 ② **(채용 공고 및 서류접수)** 당초 채용계획과 공고 응시자격 동일 여부, 채용 변경 내부심의 절차 준수 여부, 공고기관 준수 여부 등 ③ **(서류.면접전형 단계)** 시험위원 위촉 공정성 확보 및 위원 제척·회피·기피제도 적정 적용 여부 등 ④ **(합격자 결정)** 채용계획 및 채용공고에 따른 최종합격자 결정방법이 정상적 결정 여부, 응시자격, 가점 등 관련 증빙서류에 대한 검증 적정 여부
정규직 전환	① 전환자의 **채용당시 규정 등 채용절차 준수 여부** ② **전환 과정**에서 **관련 지침·규정 준수 등 채용의 적정성·타당성 여부** ③ 청탁·외찹으로부터의 **중립성 및 독리성 확보** 여부 등

□ **향후계획**
○ **전수조사 시행/취합 제출** : '00. 0. 0. ~ 0. 00. / '00. 0월
○ 전수조사 **결과발표** : '00. 00월 중(본사)

2 **개선 6**

삼경(주) 채용실태 정기 전수조사 추진계획

(0000. 0. 00. 월. 감사실)

☐ **추진개요**

○ **(배경)** 매년 채용 **위반사례가 감소***하여 '23년부터 그간 조사결과를 반영한 **효율적 점검방식**(필수, 재량조사 구분)으로 **전환 시행 중**

  * 처분건수(건) : ('00) 51→('00) 69→('00) 92→('00) 92→**('00) 31→('00) 18→('23) 12**

○ **(근거)** '24년도 삼경(주) 채용실태 정기 전수조사 기본계획('24.1.2)

  〈전년도 조사 결과〉
  • 삼경(주) **28개 자회사** 중 경영평가 유무, 채용 관련 처분현황, 정기종합감사 대상 등을 반영하여 **20개 자회사**(필수 13, 재량 7)*에 대해 **점검** 실시('00.0.~00.)
  – **20개 자회사 중 12개**(행정상 00건, 신분상 0건00,0) **지적**하여 처분사항 통보('00.00)

☐ **추진계획**

○ **(기간) '00. 3 ~ 9월**(7개월 / 본사 감사실 주관)
○ **(주관) 본사 감사실**(단, 각 자회사 감사팀 협조하여 4개 점검반 운영)
○ **(내용)** '00년도 **신규채용** 및 **정규직 전환과정**의 적정성 등 전반
○ **(대상) 총 8개 자회사**(필수 : 4개 / 재량 : 4개 자회사)

  – **필수조사** : '**경영평가**' 및 3년 내 '**징계이상**' 적발 등 **4개 자회사***

   * A자회사(경평), B자회사(경평), C자회사(징계), D자회사(미실시)

  – **재량조사** : 기타 재분류 7개 자회사를 포함하여 최근 3년간 적발 없거나 경미한 위반(주의·경고) 자회사 중 '**00년 실태조사 미실시 4개 자회사***

   * E자회사, F자회사, G자회사, H자회사('25년까지 재량조사 전수 완료 예정)

☐ **향후계획**

○ 전 수 조 사 **시 행** : '00. 0. 0. ~ 0. 00월(점검반)
○ 전수조사 **취합 제출** : '00. 0월(점검반→본사 감사실)
○ 전수조사 **결과발표** : '00. 00월 중(본사 감사실)

☞ **② 원본 6 분석**

총평	▶ 1장으로 가능한 보고서를 2장으로 만들어 <u>비효율적(특히 표 형태)</u> ▶ 소제목 간 상하관계(조사내용>착안사항) 정립이 안 되어 <u>체계적이지 않음</u>

■ **제 목**

- 제목박스의 제목 핵심내용에 대한 **강약이 다소 부족**

- 제목박스 우측 아래에 보고서 작성일자 및 작성부서가 **명기되어 있지 않음**

■ **본 문**

- 1장으로 가능한 보고서가 2장으로 작성되어 **비효율적**이며 **시인성 저하**, 특히, **표**와 **착안사항** 같이 복잡하고 실무적인 내용은 **참고자료로 넘겨야 함**

  * 착안사항 내용은 본문에서 깊이 있게 다루어야 할 사항은 아니므로, 본문 소제목의 "조사내용"에 요약 언급하고 참고자료로 넘겨야 함(소제목의 상하관계 정립 필요)

- 1, 2, 3원칙 중 '**3원칙**', 즉, **3단**으로 구성되어 있지 않아 **시인성 저하**

- "추진배경"에서 "**효율적 점검방식**으로 전환 시행중"이라 하였는데 문서 전체를 읽어봐야만 효율적 점검방식인지 알 수 있어 **이해하는 데 곤란**

  * **별표(*)** 또는 **괄호"( )"** 등으로 **효율적 점검방식(필수, 재량 구분)** 설명 필요

■ **향후계획**

- 향후 **일정 분리** 및 **추진 주체 명기** 필요

② 원본 7

문화재 관리직 정규직 전환 시 "호 봉" 부여계획

국가지정 문화재 관리직 근로조건 개선을 위하여 정규직 전환 호봉 적용 추진

□ **주요사항**
○ 그간 경과
  - (0.00) 문화재 관리직의 선진화 방안 추진을 위한 간담회 개최 (본부 5층 대회의실)
  - (0.00) 문화재 관리직 근로조건 개선 관련 회의(인천항만물류협회)
    * 용역사 회의 결과 의견 취합 ('00.0.00, 문화재관리 제23-168호)
    -> 정규직 전환 관련 호봉적용 등 계약은 5월부 갱신.

○ 정규직 호봉 산정 관련
  - (당초) 0월 간담회 배부자료에 정규직 전환 관련 **확정 호봉 아닌 예정 호봉 산정** 설명

  예정) 평균호봉 산정 : 근속평균(2.4), 사병경력 (최근 18개월 기준)(1.6)반영 / 4호봉

  * **입사 시 (1호봉) 반영이 미반영된 사항.**
  - (현행) 개인별 근속기간, 사병경력 등록 평균 호봉 산정

  실제) 평균호봉 산정 : 근속평균(2.4), 사병경력(최근 21개월 기준)(1.9), 입사 시 (1호봉 부여)
  〔 정규직 전환 "평균 5호봉" 산정 기준 반영 〕

○ 정규직 전환 관련 재원 소요현황 (약 00억 원 예상)
  - 정규직 전환 기산일 '00년 1월부 (1월~4월 /4개월분) 임금 소급 적용 지급 예산
    * 4개월분 소급 소요예산 : 약 0억 원 (1인 인건비: 322,000원 * 4개월 *000명)
  - 소송 취하 및 부제소 합의동의 등 관련 비용 약 0억 원 소요 예상

□ **향후 계획**
○ (예산팀) '23년 용역계약 변경('23년 5월부 갱신) 진행

② 개선 7

문화재 관리직(계약) 정규직 전환 시 "호봉" 부여계획

(2023. 5. 19. 월. 경영본부)

☐ **추진배경**
- 근로자 처우개선, 고용안정 및 역량 강화 위한 **노사 합의서 체결**('00.0.0)*
  * **관리직(계약)**의 **정규직 전환**, 청경 증원 및 전환, 임금협상 미실시 보전금 지급 등
- 정규직 전환에 따른 외항 국가지정문화재 위탁관리용역사(13개사)와의 **위수탁계약서 변경**을 위한 **호봉 확정·부여** 필요

☐ **추진방안(호봉산정)**
- **(기간)** '00. 00. 00 ~ 00. 00. 00(2개월)
- **(대상)** 문화재 관리직(계약) 전원(000명)
- **(예산) 총 00억 원**(직접비 0억 원+간접비 0억 원)
  - 직접비 : 정규직 전환 '00.0월부터 0월까지 **4개월분 임금 소급(약 0억 원)**
    * 4개월분 임금 : 약 0.0억 원(1인 인건비 : 0.0억 원)
  - 간접비 : 소송 취하 및 부제소 합의 동의 등 관련 비용**(약 0.0억 원)**
- **(방법) 근속기간**과 **군복무기간**(사병 의무기간)을 합산한 **평균값**
  - 입사 시 기본 **1호봉**과 근속 및 군복무 평균 **0호봉***을 합산하여 <u>0호봉</u>
    * 근속기간 평균(00월)+군복무기간 평균(최근 00월 기준) = 00개월

> ※ **그간 경과**
> ▸ (0.00) 외항 보안외근직 선진화 방안 추진을 위한 간담회 개최 (본관 3층 대회의실)
>   * 근속평균(2.4) 및 사병경력(최근18월) 반영, 4호봉 산정하였으나 **입사 시 1호봉 미반영**
> ▸ (0.00) 외항 보안외근직 근로조건 개선 관련 회의(문화재관리위원회)
> ▸ (0.00) 용역사 회의결과 의견 취합 (문화재관리 제23-168호)
>   * 정규직 전환 관련 호봉적용(수용), 일반관리비(0% 인상) 0% 반영(수용), 5.1자 갱신 등

☐ **향후계획**
- '00년 국가지정문화재 관리 위수탁 **계약 갱신**(00.0.0)

☞ ② 원본 7 분석

| 총평 | ▶ 문서가 전체적으로 체계적이지 않고 어수선하여 시인성 저하
▶ 과도한 볼드체, 밑줄 및 컬러 사용으로 핵심내용 파악 어려움 |

■ 제 목

  ○ 제목박스의 제목 **글씨가 큼**

  ○ 제목박스 우측 아래에 보고서 작성일자 및 작성부서가 **명기되어 있지 않음**

■ 본 문

  ○ 1, 2, **3원칙** 중 '**3원칙**', 즉, 3단으로 작성되지 않아 체계적이지 않음

  ○ **불필요한 박스**가 과도하게 많고, 문서의 상하관계가 없으며, 줄 간격을 너무 **촘촘하게 엔터키**를 이용하여 만들다 보니 **비효율적이고 시인성 저하**

  ○ 과도한 볼드체, 밑줄 및 컬러 등으로 **핵심내용 파악 어려움**

  ○ 글자체 및 문자표(□, ○) 등의 크기 및 모양이 제각각이어서 **일관성 저해**

  ○ 육하원칙에 따라 "**추진방안**" 내에 "**추진기간**"을 포함하여 작성 필요

  ○ "그간경과"는 "**추진방안**" 내에 참고자료 형태로 **배치**되어야 함

■ 향후계획

  ○ '변경'과 '갱신'은 유사한 단어이므로 **하나로 통일** 필요

2 원본 8

'00년도 전직원 독감 예방 접종 시행 계획

(0000. 0. 00. 화. 후생복지팀)

☐ 근 거
- 회사 내규 후생복지규정 제4조(보건관리)
  ① 후생복지업무 담당부서에서는 임직원의 건강상태와 환경조건을 수시로 조사하여 근무환경을 개선하는 등 보건관리 유지에 필요한 조치를 취해야 한다.
- 산업안전보건법*상 감염병 예방 조치 필요
  * 산업안전보건기준에 관한 규칙 제 594조(감염병 예방 조치)

☐ 추진계획
- 접종 대상 : 총 000명('00.00.00.현재)

구분	총인원	제외	대상자	비고
내근직	00	0	00	-
외근직	00	0	00	00
외근직	000	00	000	00
계약직	000	0	000	00
합계	000명	0명	000명	

※ 제외대상 : 휴직자 6명(육아휴직, 유급휴가자)

- 접종 기간 및 장소

장소	기간	시간	비고
A병원 본관 2층 (독감접종실)	00.00.0~00.00	08:30~11:30(평일) 13:30~16:30(평일) 08:30~11:30(토요일)	-

※ 00.00 ~ 00.00 기간은 노인예방접종 기간으로 인하여 혼잡이 예상되오니, 가급적 접종을 피해주시기 바랍니다.

☐ 소요비용

1인당 접종 비용	대상인원	총 소요비용
26,000원	000명	00,000,000원

※ 예산항목 : 보건관리비

☐ **참고(비교)**

구분	A병원	B병원	C병원
접종기준	4가(생백신)	4가	4가
제안수가	26,000	28,000	40,000
채택	O	-	-

※ 임·직원 가족 및 용역직원 접종시 동일 제안수가로 접종 가능

☐ **행정사항**

○ 접종기간 안내 및 공지, 독감백신 <u>조기 소진 시</u> 문자 발송
　※ 담당자 문의
　 - 후생복지과 보건관리자 000(000-000-0000)
　 - A병원 원무팀 담당 000(000-000-0000)

② 개선 8

'00년도 전직원 독감 예방접종계획

(0000. 0. 00. 화. 후생복지팀)

☐ 근 거
- 회사 내규 후생복지규정 제4조(보건관리)
  * 후생복지업무 담당부서에서는 임직원의 건강상태와 환경조건을 수시로 조사하여 근무환경을 개선하는 등 **보건관리 유지에 필요한 조치를 취해야 한다.**
- 산업안전보건법*상 감염병 예방 조치 필요
  * 산업안전보건기준에 관한 규칙 제594조(**감염병 예방** 조치)

☐ 접종계획
- (기간) **10.4~11.30**(34일간)(평일: 08:30~11:30, 13:30~16:30/ 토요일: 08:30~11:30)
  * 10.11~10.31 기간은 노인예방접종 기간으로 혼잡하여, 가급적 이용 자제
- (장소) **A병원**(본관 2층, 독감접종실)
- (대상) 총 000명(0000.00.00.현재)

구분	총인원	제외	대상자	비고
내근직	00	0	00	-
외근직	00	0	00	00
	000	00	000	00
계약직	000	0	000	00
합계	**000명**	**0명**	**000명**	

※ 제외대상 : 휴직자 6명(육아휴직 5, 유급휴가자 1)

- (예산) 약 **1억 원**(1인 26,000원)   * 예산항목 : 보건관리비
  * <u>A병원(2.6만 원, 생백신)</u>/ B병원(2.8만 원)/ C병원(4만 원)
  ※ **임·직원 가족 및 용역직원** 접종 시 **동일가격**으로 접종 가능

☐ 향후일정
- 문서 공람 조치 및 그룹웨어 게시판 공지(9.26) *조기 소진 시 재공지
- 독감 **예방접종 시행**(10.4 ~ 11.30)
  ※ **문의:** 후생복지팀 000(☎000-0000)/ A병원 원무팀 담당 000(☎000-0000)

☞ ② **원본 8 분석**

| 총평 | ▶ 서술형으로 작성해도 될 <u>박스표가 과도</u>하게 많아 <u>페이지가 많아짐</u>
▶ 대등하지 않은 소제목도 너무 많아 <u>내용 파악 및 시인성 저하</u> |

■ **제 목**
  ○ 제목의 글자체가 본문과 유사하여 **차별성이 없음**

■ **본 문**
  ○ **1장**으로 가능한 보고서가 **2장**으로, 그조차도 "참고", "행정사항" 등 불필요한 내용으로 두 번째 장의 **윗부분 일부**만 작성되어 **비효율적**
    * 부득이 둘째 장까지 작성해야 할 보고서라면 최소 둘째 장의 2/3까지 공간을 차지하도록 작성하여야 하나 1/3 정도만 차지
  ○ 서술형으로 요약 가능한 **박스표가 과도하게 많고**, 문서의 상하관계가 없는 "참고", "행정사항" 등의 **소제목도 많아 문서 이해 및 시인성 저하**
    * 한 장짜리 보고서 3원칙인 1, 2, 3 중 **'3(소제목 3개)'을 위반**
  ○ 소제목도 굵기가 서로 다르고 **내용도 일관적이지 않음**
  ○ 소제목 "근거" 아래 "①번" 한 개만 있는 상황에서, "①번" 이후에도 **다른 번호가 나올 거라는 추측이 불가하게 별표(*)로 하거나, "②"번 추가**
  ○ 소제목 "근거" 아래 별표(*) 내용 중 "~수시로 **조사하여~" 문단 끊김**이 발생
  ○ "접종 기간 및 장소" 아래의 당구장표시(※) 중 "00.00~00.00" **물결표시(~)가 가운데가 아닌 상단에 위치하여 시인성 저하**
    * **물결표시(~)**는 문단에서 가운데 위치하도록 하여야 하나, 키보드 왼쪽상단의 물결표시는 **글자체(중고딕 등)**에 따라 가운데가 아닌 상단에 위치하는 경우도 있어 주의

■ **향후계획**
  ○ 향후 일정이 다소 불확실하더라도 예상되는 **일정 적시** 필요하고, 일정을 세분화할 필요가 있을 경우 **세분화하여 작성 필요**

② 원본 9

제1차 국제여객 재개 대비 합동 안전 및 운영점검 계획

2023.8.4. 여객사업실

□ 목 적

○ 코로나19 종식에 따른 국제항공여객 재개 대비 각종 장비 작동상태, 출·입국 동선의 원활한 흐름 점검, 안전 취약 요소 확인, 비상상황 발생 시 대응태세 **사전 점검으로 성공적이고 안전한 개장 도모**

□ 개 요

○ 일 시 : **1차** : 0. 0(월). 14~15시(1시간)/ **2차** : 0. 0(월). 14~15시(1시간)
○ 참 석 : 00부, 00광역시, 00경찰청, CIQ, 00공사 등 12개 기관 등

□ 중점 점검 사항

○ **(흐름 관리)** 출·입국, 수하물 흐름 및 정체 구간 확인
○ **(장비 작동)** X-ray, 수하물 이송설비 등 주요 장비 정상작동 여부 점검
○ **(인력 배치)** 주요 지점별 인원(질서, 보안, 안내 등) 배치현황 점검
○ **(안전 점검)** 시설 이용 및 여객 동선 간 안전 위해요소 점검

□ 주요 일정

시 간	세부내용	비 고
14:00~14:20	· 여객 출국 수속 동선 점검 (터미널→승강장)	
14:20~14:40	· 여객 입국 수속 동선 점검 (승강장→터미널)	
14:40~15:00	· 강평 및 후속 조치 (현장 여건에 따라 생략 가능)	터미널 회의실

2 개선 9

제1차 국제여객 재개 대비 합동 안전·운영 점검계획

[0000.0.0.(금). 여객사업실]

☐ **개 요**
- (배 경) 코로나19 종식에 따른 중국 등 **국제여객 재개 분위기 상승**
- (목 적) 합동 안전·운영 사전 점검으로 **성공적이고 안전한 개장 도모**
- (근 거) '**국제항공여객 재개 대비 종합대응계획** 수립(가칭)('00.0.0)'
  * "000000 기본법" 제32조 3항의 "00계획 수립"에 따라 계획 수립

☐ **점검계획**
- (일 시) **1차** : 0. 0(월). 14~15시(1시간)/ **2차** : 0. 0(월). 14~15시(1시간)
- (장 소) **1차** : 00국제공항 / **2차** : 00국제공항
- (참 석) **00부(주관)**, 00광역시, 00경찰청, CIQ, 00공사 등 12개 기관 등
- (내 용) **인력 관리 및 시스템 정상 작동 여부 점검 등**
  - 흐름 관리 : 출·입국, 수하물 흐름 및 정체 구간 확인
  - 장비 작동 : X-ray, 수하물 이송설비 등 주요 장비 정상작동 여부 점검
  - 인력 배치 : 주요 지점별 인원(질서, 보안, 안내 등) 배치현황 점검
  - 안전 점검 : 시설 이용 및 여객 동선 간 안전 위해요소 점검 등

시 간	세부내용	비 고
14:00~14:20	· 여객 출국 수속 동선 점검 (터미널→승강장)	공항
14:20~14:40	· 여객 입국 수속 동선 점검 (승강장→터미널)	공항
14:40~15:00	· 강평 및 후속 조치 (현장 여건에 따라 생략 가능)	터미널 회의실

☐ **향후계획**
- 관계기관 등에 **점검결과 통보(0월)**
- 제2차 합동 **점검회의(00월)**

☞ ② **원본 9 분석**

| 총평 | ▶ 소제목 간의 상하관계 등 정리가 안 되어 시인성 저하
▶ 주요일정 외에 보고서의 기본인 향후계획(일정) 누락으로 완성도 저하 |

■ 제 목

  ○ 글씨체가 단순하여 **차별성 부족**

  ○ 작성일자 및 작성부서가 괄호 등으로 막아 놓지 않고 **개방되어 불안정해 보임**

■ 본 문

  ○ 1, 2, 3원칙 중 '**3원칙**', 즉, 3단으로 구성되어 있지 않는데, "목적"과 "개요"를 합치고 "근거"를 추가하여 **소제목 "개요"로 작성 필요**

  ○ 소제목과 내용 간격이 **과도하게 떨어져 있음**

  ○ "목적" 내용이 1, 2, 3 원칙 중 '**2원칙**' 즉, 2줄을 넘어 불필요한 내용이 많아져 비효율적인 보고서가 되었으며,

  ○ '추진배경' 및 '근거'가 필요한 보고서이나 누락되었고, "개요"에서도 육하원칙 중 '장소', '주관' 등이 누락되어 문서의 완성도가 **떨어짐**

  ○ "개요"에 "중점 점검사항"과 "주요 일정"을 포함하여 **소제목 최소화 필요**

  ○ "주요일정"의 표가 너무 크고 왼쪽으로 몰려 **문서의 상하관계가 흐트러짐**

■ 향후계획

  ○ 향후계획(일정)을 별도로 **추가하여 작성 필요**

2 원본 10

(자율기구) 광역급행트램신속개통기획단 업무추진 계획

□ 설치배경

○ 수도권 출퇴근 교통난 해소를 위해 ^{1기}수도권광역급행철도 A·B·C와 **서부권 사업**을 추진 중이며, A노선은 '00년 일부 선 개통 예정

○ 또한, 수혜지역 확대를 위한 A·B·C 연장 및 D·E·F 신설 등 **GT망 확충**이 이번 정부 **핵심 국정과제**에 포함되어 **조기 추진** 필요성 강조

　⇨ 광역급행트램 **신속개통** 추진에 대하여 책임 있고 신속하게 대응하여
　　 그 **성과창출**을 뒷받침하기 위해 **광역급행트램신속개통기획단 설치**

□ 기구개요

○ **(목적)** GT 조기 추진 **현안 신속 대응**

○ **(근거)** 「자율기구 "광역급행철도신속개통기획단" 설치 및 운영에 관한 규정」(국토부훈령)

○ **(체계)** 00국 하위의 **과 단위 기구**(정원 0명)

○ **(존속기한)** '23. 9. 2. ~ '24. 9. 1.(1년)

○ **(기능)** GT 우선 개통 관련 총괄, 연장·신설 등 확충방안 마련

□ 주요업무

○ **(GT 신속추진)** 1기 GT(A·B·C노선) **조기개통 및 착공** 등 신속추진을 위한 **현안 관련 총괄·조정**

○ **(2기 GT추진) 공약노선** 조속 추진을 위한 경제적·기술적 **타당성 분석** 및 노선별 **사업 추진방안 마련**, **후속절차** 검토

○ **(GT 제도개선 등)** GT 개념 및 정의, 정차역 추가 시 **고려사항**, 지자체 역할 강화 등 **광역철도 업무처리지침 마련**

② 개선 10

(자율기구) 광역급행트램 신속개통기획단 업무계획

(0000. 0. 0. 화. 000과)

☐ **설치개요**

○ **(배경)** GT 우선 개통 관련 총괄, 연장·신설 등 **확충**방안 마련 기구 필요

○ **(근거)** 「자율기구 "GT신속개통기획단" 설치 및 운영에 관한 규정」(00부 훈령)

○ **(현황)** 수도권 출퇴근 교통난 해소를 위해 0기 GT A·B·C와 서부권 사업을 추진 중이며, A노선은 '00년 일부 선 개통 예정

   - 또한, 수혜지역 확대를 위한 A·B·C 연장 및 D·E·F 신설 등 **GT망 확충**이 이번 정부 **핵심 국정과제**에 **포함**되어 조기 추진 필요성 강조

☐ **설치내용**

○ **(기간)** '00. 0. 0. ~ '00. 0. 0.(1년)

○ **(조직)** 00국 하위의 과 단위 기구(정원 0명)

○ **(기능)** GT 우선 개통 관련 총괄, 연장·신설 등 확충방안 마련

○ **(업무)** GT 0기 신속 추진, 0기 추진 준비 및 제도개선 등

   - 0기 GT(A·B·C노선) **현안 총괄·조정**

   - 0기 GT 추진 타당성 분석 및 사업 추진방안 마련 등 **후속절차** 검토

   - GT 제도개선 등 업무처리지침 마련*

     * GT 개념 및 정의, 정차역 추가 고려사항, 지자체 역할 등 업무처리지침

☐ **향후일정**

○ 기획단 **설치 근거 마련**(9월)

○ 기획단 **인사발령 등 조직 구성**(10월)

○ 기획단 **업무 추진**(11월)

☞ ② **원본 10 분석**

총평	▶ "서술형 개조식"과 "완전 개조식" 혼재로 <u>내용 이해 및 시인성 저하</u> ▶ 향후일정(계획)이 없어 기구 설치 후의 <u>일정을 알 수 없음</u>

■ **제 목**

    ○ 제목이 컬러 등 강약이 없고 **너무 꽉 차 답답하게 보여짐**

    ○ 제목박스 우측 아래에 보고서 작성일자 및 작성부서가 **명기되어 있지 않음**

       * 특히, 이와 같은 중요기구의 설치 같은 경우엔 반드시 필요

■ **본 문**

    ○ 본문 내용이 "서술형 개조식"과 "완전 개조식"이 **혼재**되어 있어 **시인성 저하**

       * "설치배경"과 "주요업무"는 "서술형 개조식"이나, "기구개요"는 "완전 개조식"임

    ○ 유사한 "조기 추진", "신속 개통" 등의 용어가 "설치배경"부터 "주요업무"까지 계속 반복되는데, **유사한 용어를 하나로 통일**하여 작성 필요

    ○ 소제목의 내용은 볼드체인데 **문자표 네모(□)는 볼드체가 아니라 일관성 저해**

■ **향후계획**

    ○ 향후일정(계획)이 없어 **기구 설치 후의 일정을 전혀 알 수 없음**

       * 추상적이라 하더라도 개략적(상반기, 2/4분기 등) 작성 필요

쉬어가기 : 공직생활 에피소드 2

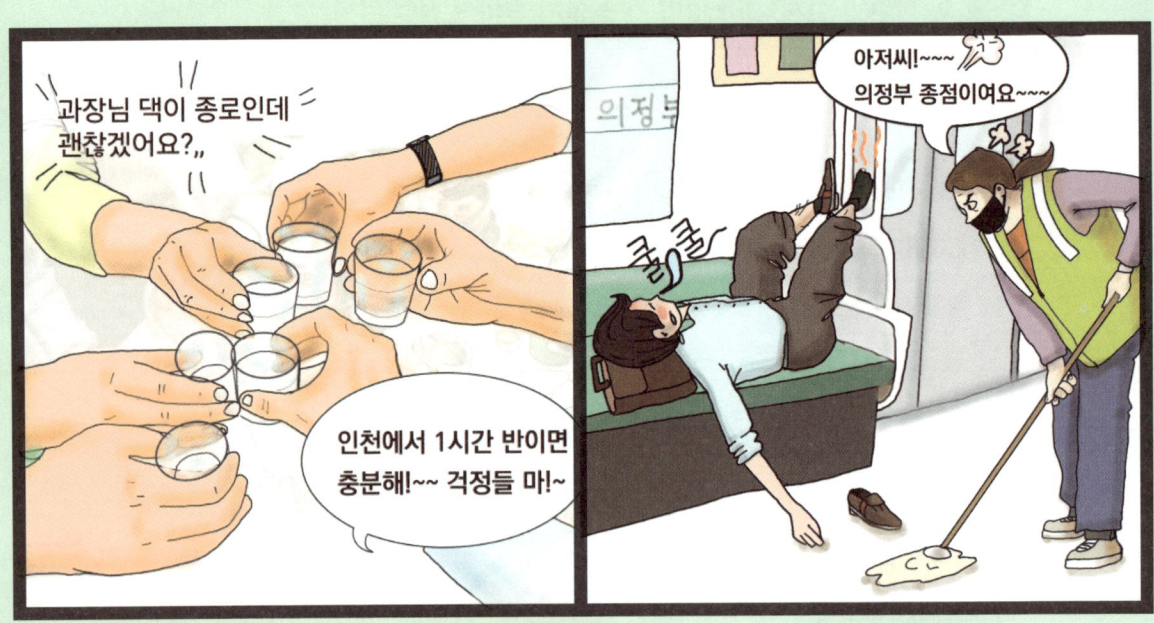

③ 결과 보고서

☐ **개 요**(일시, 장소, 참석자, 주제)

☐ **○○결과**

　　* **기대효과** 및 **그간 경과**는 필요시 여기에 작성

☐ **향후일정**(또는 향후계획)

---

1. 0000년도 보안점검(문서, 시설보안) 결과

2. 겨울철 재해재난·안전사고 예방 추진 결과 보고

3. 「교통체계효율화사업(R&D)」점검결과(1차)

4. 0000년 가족수당 지급 관련 전수조사 결과보고

5. 0000년 비영리법인 실태조사 진행상황 보고

6. 00위원회 진정(00-진정-00000) 관련 서면 답변(보고)

7. 생생경제 공모과제 최종 검토결과(보고)

8. 4조 2교대 시범운영 관련 중간점검회의 결과

9. 공직기강 확립을 위한 복무점검 실시 결과 보고

10. 00국제여객터미널 개장 관련 업무 협의회

③ 원본 1

0000년도 보안점검(문서, 시설보안) 결과

['24.1.22(월), 총무과]

☐ 개   요
  ○ **(기간)** 0000. 12. 19.(화) ~ 2024. 12. 29(금)
    - 1차 : 12.19.(화)~12. 22(금)(4일간) / 팀(실)별 자체 점검
    - 2차 : 12.26.(화)~12. 29(금)(4일간) / 불시(점검반)
  ○ **(장 소)** 청사 및 기타 장비실 등 0개소
  ○ **(주관/점검반)** 총무과장 등 6명
    * 「보안업무시행세칙」제11조 : 분임보안담당관[각 부서의 팀(실)장]

☐ 점검결과 : 현지시정 2건
  ○ **(주관/점검반)** 총무과장 등 6명

구 분	장 소	점검 결과	비고
시설보안	청사	옥상 출입문(앞, 뒤) 미시건	현지시정
-	기계실	-	
-	전산교육실	-	
시설보안	장비실	업무용 PC 전원 절전상태 미설정	현지시정

☐ 향후계획
  ○ **(공통)** 00년 보안점검 **점검 결과 알림**(1.22)
  ○ **(총무과)** 교육자료 게시(수시) 및 0000년 보안점검 실시(5월 중)

3 **개선 1**

0000년도 보안점검(문서, 시설) 결과 보고

['24.1.22(월), 총무과]

☐ **점검개요**

- **(기　간)** 0000. 12. 19.(화) ~ 29(금)(총 8일간)

  - 1차 : 12.19.(화) ~ 22(금)(4일간) / 팀(실)별 자체 점검

  - 2차 : 12.26.(화) ~ 29(금)(4일간) / 불시(점검반)

- **(장　소)** 청사 및 기타 장비실 등 0개소

- **(점검자)** 총 6명(반장 : 총무과장, 반원 : 5개 팀 팀장)*

    * 「보안업무시행세칙」제11조 : 분임보안담당관[각 부서의 팀(실)장]

☐ **점검결과**

- 출입문 및 PC전원 차단에 대한 **현지시정 2건*** 외 **특이사항 없음**

    * 청사 출입문 시건 × (1건), PC 전원 차단 × (1건)

구 분	장 소	점검 결과	비고
시설보안	**청사**	옥상 출입문(앞) **시건 ×**	현지시정
-	기계실	-	
-	전산교육실	-	
시설보안	**장비실**	업무용 PC **전원 차단 ×**	현지시정

☐ **향후계획**

- 0000년 보안점검 **점검 결과 알림**(1.22)

- 교육자료 게시(수시) 및 0000년 보안점검 실시(5월 중/ 총무과)

☞ ③ **원본 1 분석**

총평	▶ "제목"에서 <u>같은 단어("보안") 중복 사용</u> ▶ "점검결과"의 제목에 <u>맞지 않는 내용을 이중으로 사용</u>

■ 제 목

○ 제목이 컬러 등 강약이 없고, **"보안"**이란 **단어 중복 사용***

   * "~보안 점검(문서, 시설 보안)" → "~보안 점검(문서, 시설)"

○ 제목을 "~ 결과" 보다는 "~ 결과 **보고**"로 **변경 필요**

   * 제목이 다소 짧아 좀 더 어울릴 수 단어("보고")를 추가하여 제목 완성 필요

■ 본 문

○ "기간"에서 같은 연도와 같은 달은 **이어서 쓸 때 중복해서 쓸 필요 없음**

   * <u>2024. 12.</u> 19.(화)~<u>2024. 12.</u> 29(금) → <u>2024. 12.</u> 19.(화)~29(금)

○ 소제목 "개요"의 "(주관/점검반) 총무과장 등 6명"이 "점검결과"에도 이중 언급되었고, 또한, "점검결과"의 내용에도 맞지 않아 수정 필요

○ "개요" 아래 "기간", "장소" 및 "주관/점검반"의 위아래 줄 간격을 가능한 맞추도록 하여야 하며, 또한, 표의 간격이 일정하지 않아 **시인성 저하**

   * 표의 맨 아래쪽 칸만 **너무 넓어서** 보기 안 좋음

■ 향후계획

○ 앞의 "공통"과 "총무과"는 가능하면 **뒤로 배치**하여 시인성 향상 필요

③ 원본 2

겨울철 재해재난·안전사고 예방 추진 결과 보고

(0000. 0. 00. 수. 재난안전과)

□ **개 요**
- ○ 00.11.15 ~ 00.3.15 4개월간 겨울철 재해재난 및 안전사고 예방을 위한 **선제적 대비·대응계획[대설(폭설), 한파 등] 마련**
- ○ 모든 직원의 적극적인 참여로 겨울철 관련 **인적·물적 사고가 없음**을 보고함

□ **추진내용**
- ○ 「**현장 대응 매뉴얼**」에 의거 **사전 대비 조치**
  - - 전 근무지 제설 도구 및 염화칼슘 등 사전 구비
  - - 겨울철 위험·유해 요인 포함 위험성 평가 시행
  - - 대설(폭설), 한파 및 안전·보건 관련 근무지 점검 결과 이상 없음
- ○ "**안전·보건·근무 환경**" **점검** 4회('00.11~'00.2, 월 1회) 실시
- ○ 상황실 **안전 수칙 등 전파** 실시
  - - 전 근무지 무선 전파(일 2회), 전 직원 문자 전송 45회
- ○ '안전·보건' 게시판 **기상특보 현황 게시**(14회)
- ○ 보안외근직 **겨울철 건강관리 집합교육 실시**(1회)

□ **추진결과**
- ○ 우리 000 인적·물적 사고 없음

□ **향후계획**
- ○ 향후 비상 대응계획 수립 시, 상기 추진 결과를 보완하여 시행

③ **개선 2**

겨울철 재해재난·안전사고 예방 추진결과 보고

(0000. 0. 00. 수. 재난안전과)

☐ **추진개요**
- **(근   거)** 겨울철 재해재난 및 안전사고 대응계획(재난안전과-5080, '00.3.5)
- **(기   간)** 0000. 00. 15 ~ 0000. 0. 15(4개월)
- **(장   소)** 청사 및 소속기관 등
- **(점검자)** 기획관리실장, 0000 등 10명(3차)*
    * **1차** : 12. 19 ~ 12. 22 (4일간) / **팀(실)별 자체 점검 추진**
      2차 : 12. 26 ~ 12. 29 (4일간) / 불시 점검 추진
      3차 : 겨울철 전 기간/**수시 점검 추진**

☐ **추진결과**

> 【추진결과】 인적·물적 사고 없음

- **(사전대비)** 「현장 대응 매뉴얼」에 의거 대비 **조치**
    - 전 근무지 제설 도구 및 재료사전 구비(삽, 밀대, 염화칼슘 등 30여 개 소)
    - 겨울철 위험·유해 요인 포함 위험성 평가 시행(2회)
- **(현장점검)** 정기 및 수시 점검(총 15회)
    - "안전·보건·근무 환경" 정기 점검(4회)('00.11~'00.2, 월 1회)
    - 대설(폭설), 한파 및 안전·보건 관련 근무지 수시 점검(11회)
- **(교육훈련)** 안전수칙 등 전파 및 집합교육 실시(총 180여 회)
    - 상황실 **안전 수칙 등 전파 실시(총 120회)**
    - 전 근무지 무선 전파(일 2회) 외에 전 직원 문자 전송(45회)
    - '안전·보건' 게시판 **기상특보 현황 게시**(14회)
    - 현장직 **겨울철 건강관리 집합교육 실시**(1회)

☐ **향후계획**
- '00~'00년도 재난대비 **대응계획 반영**(하계: 6~9월/ 동계: 11~3월)

☞ ③ 원본 2 분석

| 총평 | ▶ 본문이 육하원칙에 따라 작성되지 않아 시인성 저하
▶ 추진내용이 유사분야별로 구분되어 있지 않아 내용파악이 어려움 |

■ 제 목
  ○ 글자체가 단순하고, 컬러 등 강약이 없어 **차별성 부족**

■ 본 문
  ○ 결재자 입장에서 "추진결과"를 한눈에 볼 수 있도록 **요약 박스 필요**
  ○ 육하원칙에 따른 문단 구성이 안 되어 있어 **시인성 부족**
   * 사고 예방 추진을 위한 필수요소인 **근거, 장소 등이 누락**
  ○ 단어, 조사가 끊어지지 않도록 하여야 하나 다음 줄로 넘어가 **시인성 저하**
   * ~ 예방을 **위한** ~, ~ 사고가 **없음을** ~
  ○ 1, 2, 3원칙 중 "**3원칙**", 즉, **3단**으로 구성되어 있지 않는데, "추진내용"은 "**추진결과"에 포함**, 제목(~결과 보고)과 **일관성 유지** 필요
   * "추진결과"에 포함하고, **결재권자가 쉽게** 결과를 알 수 있도록 박스 표시 필요
  ○ 소제목 "추진내용"의 내용을 **유사분야별로 구분**하여 **시인성 향상 필요**

■ 향후계획
  ○ 향후일정(계획)이 없어 **이후의 일정을 전혀 알 수 없음**

③ 원본 3

「교통체계효율화사업(R&D)」 점검결과(1차)

> 연구과제의 "실용성", "중복성", "타당성" 재검토
> ⇒ **예산의 <u>효율적 배분</u> 및 <u>실용성 증대</u>**

□ **추진배경**
  ○ 언론 등에서 지속적으로 국가 R&D 부실 지적에 따라 우리 부 교통 R&D 재검토 필요성 증대
  ○ 교통정책실장 주재 교통분야 R&D 점검회의 시 부서 간 협조, 중복검토, 과업내용 조정, 사업기간 단축 등 문제 제기('10.1.6)
  ○ 장관 주재 R&D 전반에 관한 점검회의 마련 지시('10.1.25)

□ **추진방법**
  ○ 점검회의 : '10. 1. 19 ~ 2. 2(15일)
  ○ 점검장소 : 우리 부(종합교통정책과 회의실)
  ○ 참석대상 : 신교통과장(주재), 연구책임자, 과제담당부서,
             ○○평가원, 실수요자(기업, 자치단체 등)
  ○ 점검방법 : 1일 2과제씩 점검·평가
  ○ 평가기준 : 점검결과에 따라 A ~ F로 분류 평가
    - A : 지속 추진(조기 추진 및 사업비 증액) ┐
    - B : 지속 추진 ─────────────────────── 상
    - C : 지속 추진(단, 기간 및 사업비 일부 감액) ┐
    - D : 보완 후 추진 ──────────────────── 중
    - E : 검토 후 중단 ┐
    - F : 즉시 중단 ──────────────────── 하

○ 점검과제 : 총 <u>14개</u> 과제(A 1개, B 4개, C 1개, D 5개, E 1개, F 2개)

(계속과제) 교통체계효율화사업(16개) 중 중점과제(4개)를 제외한 <u>12개</u>

번호	과 제 명	연구기간	'10예산 (백만 원)	평가결과
1	안전지향형 교통환경 개선기술 개발	'06.10-'11.6	4,351	D
2	위성항법 기반 교통인프라기술 개발	'06.10-'14.10	3,315	B
3	첨단 안전자동차 안전성 평가기술 개발	'09.12-'17.10	2,220	A
4	국가물류표준 종합시스템 개발	'07.12-'12.6	2,693	D
5	u-Transportation 기반기술 개발	'06.10-'12.4	4,144	D
6	교통정보 혁신을 위한 제공·관리·평가기술 개발	'07.12-'12.6	3,626	B
7	녹색물류 자동운송시스템 기술개발	미정	932	F
8	물류비 절감형 포장용기 및 운영시스템 개발	'09.12-'11.10	1,657	E
9	물류관리를 위한 보관시설 정보공유기술 개발	미정	206	F
10	수소연료전지자동차 안전성 평가기술 개발	'07.12-'12.6	2,901	B
11	철도물류 활성화를 위한 DMT 수송시스템 개발	'07.12-'11.8	2,500	D
12	이용자 맞춤형 대중교통서비스기술 개발	'07.12-'11.6	2,590	B

(신규과제) 교통체계효율화사업(9개) 중 1차 검토결과 취소 또는 유보과제(7개)을 제외한 <u>2개</u> 과제

번호	과 제 명	연구기간	'10예산 (백만 원)	평가결과
1	도로 안전성 평가 첨단차량 개발	'10~'12	20	C
2	다목적 제설차량 개발	'07.12-'11.6	10	D

□ **점검결과**

○ 1차 점검결과 **계속 추진과제**(보완과제 포함)는 **11건(75%)**, 중단해야 할 과제(검토 후 중단 포함)는 **3건(25%)**
⇒ 향후 R&D사업 추진 시 지속적인 점검 필요

□ **향후계획**

○ 2. 10(금) : 검토회의결과 **1차 조정회의**(신교통개발과/OO평가원)
○ 2. 23(화) : OO평가원 **의견 수렴 및 조정**
○ 2. 25(목) : 최종 **검토·조정결과 보고**(실/국장)
○ 2. 26(금) : **최종 과제조정**(사업기간 및 예산 등)
○ 3월 초 : OO평가원과 **위·수탁 협약 체결**

3 개선 3

「교통체계효율화사업(R&D)」 점검결과(1차)

(0000. 0. 00. 수. 재난안전과)

☐ **점검배경**

- **(근 거)** 국토교통과학기술 육성법 제00조 제1항(교통R&D 점검)
- **(배 경)** 언론 등에서 지속적으로 국가 R&D **부실 지적**에 따라 점검 필요성 증대
- **(경 과)** 교통실장 1차 **점검**('10.1.6) 및 **장관 지시**('10.1.25)

☐ **점검현황(결과)**

> 14개 사업 중 **11개(75%) 계속 추진, 3개(25%) 중단 필요**

- **(기　　간)** '10. 1. 19 ~ 2. 2(15일)(종합교통정책과 회의실)
- **(점 검 자)** 신교통과장(주재), 과제담당부서, 실수요자 등 13명
- **(점검대상)** 총 **14개 사업**(계속 12개, 신규 2개 과제)
   * 교통체계효율화사업 12개 및 동 사업(9개) 중 취소 또는 유보(7개) 제외한 2개 과제
- **(점검방법)** 1일 2과제씩 점검 [A~F(상, 중, 하로 분류)]
- **(점검결과)** 계속과제(보완과제 포함) **11개**(75%), **중단과제 3개**(25%)

  ⇒ 향후 R&D사업 추진 시 지속적인 점검 필요

☐ **향후계획**

- 검토회의결과 **1차 조정회의**(신교통개발과/00평가원)(2. 10)
- 00평가원 **의견 수렴 및 조정**(2. 23)
- 최종 **검토·조정결과 보고**(실·국장)(2. 25)
- 최종 **과제조정**(사업기간 및 예산 등)(2. 26)
- 00평가원과 위·수탁 **협약 체결**(3월 초)

☞ ③ **원본 3 분석**

총평	▶ 1장으로 가능한 보고서를 2장으로 만들어 <u>비효율적(특히, 과도한 표)</u> ▶ "~결과" 보고서는 가능한 한눈에 볼 수 있게 '<u>박스</u>'<u>로 작성</u> 필요

■ 제 목

  ○ 글자가 조금 크게 작성(20p)되어 **박스제목이 꽉 찬 느낌**

  ○ 글자체가 제목에 맞지 않음

■ 본 문

  ○ 1장으로 가능한 보고서를 굳이 2장으로 만들어 **시인성 저하**

  ○ 1, 2, 3원칙 중 '**3원칙**', 즉, **3단**으로 구성되어 있지 않는데, "점검결과"가 중심용어이므로 소제목 "점검결과" 또는 "점검현황"으로 구성 필요

  ○ 결재자 입장에서 "추진결과"를 한눈에 볼 수 있도록 **'박스' 필요**

    * "점건결과" 내용이 빈약하므로 중간에 박스로 결과내용을 작성하고, 소제목 "점검현황(결과)"을 그 아래에 만들어 육하원칙에 따른 점검현황(결과)을 작성하면 됨

  ○ 소제목 "추진방법"의 **"평가기준" 및 "점검과제"** 등의 표 및 세부내역은 본문에 2줄 이내로 요약하여 작성하고 첨부로 넘겨야 함

■ 향후계획

  ○ 향후일정(계획)은 구체성 있게 잘 작성되었음

③ **원본 4**

0000년 가족수당 지급 관련 전수조사 결과보고

⟨ '00. 0. 0.(0). 총무과 ⟩

□ **실시 배경**
- 가족수당 지급관련 변동사항 발생 시, 직원의 자발적인 신고에 의하고 있어 부정수급 등의 문제로 인해 정기적인 전수조사 필요

□ **실시 내용**
- 기 간 : '23.8.14. ~ '23.8.25 (12일간)
  ※ 추가서류 제출기한 : '23.8.26. ~ '23.9.20. (26일간)
- 대 상 : '23.8.11. 기준 가족수당을 받고 있는 직원
  ※ 제외자 : '23.8.1. 이후 입사자, 연봉제 직원, 가족수당 미수급자

□ **실시 결과**
- (결과) 대상자 세부 내역 / 내·외항 총19명 (붙임 참조)
  ※ 사유 : 보수규정 시행세칙 제4조 3항 2호 나목에 의거 실제 부양하지 않음
- (조치방법) 과지급분 **9월분 급여에서 차감**하여 환수 예정
  - 환수조치 대상자에게 9월분 급여에서 공제함을 유선 안내
  - 가족수당 환수 금액이 **300,000원 이상인 경우, 3개월 분할 납부**

□ **향후 계획**
- 보수규정 시행세칙 제4조 3항에 따라 가족신분사항에 변동이 있을 경우에는 관련 서류 등을 즉시 **재무팀으로 제출토록 공지**
  ※ 가족신분변동사항 ERP에 즉시 반영 조치

3️⃣ **개선 4**

0000년 가족수당 지급 관련 전수조사결과 조치계획

['00.0.0.(수). 재무팀]

☐ **추진배경**
- ○ 가족수당 **변동사항 발생** 시, 자발적 신고 미비로 **부정수급 문제** 발생
- ○ **매년 정기적**인 전수조사 필요(사규상 별도 규정은 없음)
  * 최근 2년간 전수조사 현황 : '00년 0명 200,000원/ '00년 00명 0000000원

☐ **조사내용(결과)**
- ○ **(기간)** '00.0.00. ~ 00. (00일간)
  * 추가서류 제출기한 : '00. 0. 0. ~ 0. 00. (00일간)
- ○ **(대상)** '00.0.00. 기준 가족수당을 받고 있는 직원
  * 제외자 : '00.0.0. 이후 입사자, 연봉제 직원, 가족수당 미수급자
- ○ **(결과)** 총 00명 부정수급* 확인(환수예상액 : 1천만 원)
  * 사유 : 보수규정 시행세칙 제4조 3항 2호 나목에 의거 **실제 부양하지 않음**

> ※ **보수규정 시행세칙(요약)**
> **제4조(지급방법) 주민등록표상 세대를 같이**하는 사람으로 **주소나 거소에서 현실적으로 생계를 같이**하며, 가족수당 지급범위에 해당하는 자.
> 단, **취학·요양** 또는 **주거의 형편**, 직원의 형편으로 **부양가족과 별거 시**(직원의 배우자와 세대를 같이하는 자 또는 직원의 건강보험등재자) **가족수당 지급 포함**

☐ **향후계획(조치계획)**
- ○ 과지급분은 **9월분 급여에서 차감**하여 환수(재무팀 협조)(00월)
  - 환수조치 대상자에게 **9월분 급여 지급(00. 0)**에서 공제 실시 통보
    * 가족수당 환수 금액이 **30만 원 이상인 경우, 3개월 분할 납부**
- ○ 향후, 가족사항 변동 시 관련서류* **재무팀으로 제출토록 공지(게시판)**
  * 주민등록등본(세대 확인) 및 건강보험 자격확인서(부양여부 확인)

☞ ③ 원본 4 분석

| 총평 | ▶ 제목은 결과보고서이지만 내용은 조치계획보고서이므로 **제목 변경 필요**
▶ 육하원칙에 따르지 않고, 내용이 분야별로 구분되어 있지 않아 **내용파악 곤란** |

■ 제 목

  ○ 글자체가 단순하여 **차별성 부족**

  ○ 위 보고서는 단순 조사결과보고서가 아닌 조사결과에 따른 조치계획을 동반하는 **개선계획 보고서**로서 **제목 변경 필요(결과 보고→결과 조치계획 보고)**

■ 본 문

  ○ 본문은 1, 2, 3원칙 중 '3원칙', 즉, 3단으로 구성되어 있지 않아 비체계적

  ○ 또한, 육하원칙에 따르지 않아 **내용을 파악하기 어려움**

  ○ 소제목 아래 제목이 일관성 없고, 본문 아래 빈공간이 많아 **비효율적**

    * '실시 내용' 아래는 괄호가 없는데, '실시 결과' 아래는 괄호가 있음

  ○ "(조치방법)" 아래 수염표시(-)의 글자 크기가 달라 **일관성 저해**

  ○ 별표(*)나 수염표시(-)로 표시되어야 할 부분이 **당구장표시(※)로 표시**

■ 향후계획

  ○ 문단에서 관련 규정(보수규정 시행세칙) 언급 시 그 내용을 본문 빈 공간에 요약하여 보여줘야 하나 그렇지 못하여 **내용파악에 어려움**

  ○ 향후일정(계획)이 없어 **이후의 일정을 전혀 알 수 없음**

    * 향후일정(계획)은 개조식으로 단순하게 작성되어야 하나, 복잡하게 서술형으로 작성

③ 원본 5

0000년 비영리법인 실태조사 진행상황 보고

〈'00.00.00. 00팀〉

◇ **'00년 비영리법인 실태조사**가 종료되었으나 조사대상 **10,000개 법인** 중 **5,500개(55%)**가 진행되어 조사기간 연장 등 필요

□ 조사개요
   ○ **(목적)** 비영리법인의 운영실태 등에 대한 조사를 통해 **적법한 운영**을 유도하고 **효율적인 사후관리**로 비영리법인의 건전한 육성기반 마련
   ○ **(조사기간)** 0000.1.1 ~ 6.30(6개월)
   ○ **(결과보고)** 0000.1.12. → 1.24.(연장)
   ○ **(변경사항)** 조사주기 3년 → 1년 단축 / 수기관리 → **시스템** 관리

   ┌─── 〈0000년 조사 현황〉 ───┐
   · (조사주기) 3년
   · (조사기간) 0000.7.~12월(실질조사/6개월), 0001.1.~2월.(보완조사/2개월)
   · (조사결과) 대상법인 10,000개 중 운영 4,500개(45%), 미운영 5,500개(55%)
   * 위반 500개(시정명령 450건, 해산명령청구 50건)

□ 조사결과 * '00.0.0. 시스템 등록기준
   ○ **조사대상 10,000개 중 5,500개(55%) 결과 보고**
      * 00개 시도 중 00도·00시 완료, 그 외 수도권, 00도, 00시 등 미완료
      - 전체 조사대상의 50% 이상을 차지하는 **000지역**에서 조사대상 과다 등을 이유로 **결과보고 기간을 2월 초까지 연장해 줄 것을 요청**
      ⇒ 후속조치 등 향후 일정 고려 시 **조사기간 연장 가능**(최대 3월말까지)하며, 시스템 도입 후 첫 조사이므로 조사결과를 모두 입력하도록 독려

□ 향후계획
   ○ 실태조사 결과에 따른 **후속조치 이행 요청**('24.3. 지자체)

3 개선 5

비영리법인 개선 실태조사방식 적용 관련 조치계획

['00.0.0.(수). 00팀]

☐ **현황 및 문제점**

○ 비영리법인들에 대한 실태조사를 '00년 이후 **'00년부터 개선* 적용**
   * 조사기간 **단축(3년→1년)** 및 시스템관리(수기→시스템)

   ─────────────〈'00년 조사 결과〉─────────────
   - (조사주기) 3년(수기)
   - (조사기간) 0000.7.~12 (실질조사/6개월), 0001.1.~2 .(보완조사/2개월)
   - (조사결과) 대상법인 10,000개 중 운영 6,500개(65%), 미운영 3,500개(35%)
        * 위반 500(시정명령 450건, 해산명령청구 50건)

○ 그러나, 개선된 시스템 적용에 따라 지자체의 **실태조사 결과 보고 지연**

☐ **조치계획**

○ **(결과보고 연기)** 조사대상 10,000개 중 **5,500개(55%)**만 결과 보고*한 상태로서, 결과보고 기간 연기 조치[1월말→3월말('00년 한시 적용)]
   * 00개 시도 중 00도·00시 완료, 그 외 수도권, 00도, 00시 등 미완료
   (전체 조사대상의 50% 이상을 차지하는 **00지역**에서 조사대상 과다 등을 이유로 **결과보고 기간을 2월 초까지 연장**해 줄 것을 요청)

○ **(시스템 재검토)** 사용자인 지자체와 함께 현재 시스템에 대한 오류 등 개선의견을 추가 취합하여 **'00년부터는 개선된 시스템 적용** 추진
   * '25년도 실태조사시스템 유지보수예산 반영 검토(00억 원)

☐ **향후일정**

○ 지자체에 조사 결과보고 기간 **연기 회신**('00.1월→3월)
   - 조사 결과에 따른 **후속조치 이행 요청**(우리부→지자체)('00.3월)
   * 시스템 도입 후 첫 조사이므로 조사결과를 모두 입력하도록 독려

○ (가칭) **실태조사시스템 개선TF** 구성·운영('00.3월~)

☞ ③ 원본 5 분석

> **총평** ▶ 제목은 실태조사 진행상황보고서이지만 내용은 개선된 실태조사방식 적용 관련 조치계획보고서이므로 **제목을 변경하여 내용과 일치 필요**

■ 제 목

- 글자체가 단순하여 **차별성 부족**
- 제목은 실태조사결과보고서지만 개선된 실태조사방식 적용 관련 조치계획보고서이므로 **제목을 변경하는 것이 타당**
    * ~진행상황 보고 → ~적용 관련 조치계획]

■ 본 문

- 대체적으로 보고서가 **잘 작성됨** 단, 제목 또는 내용이 **중복되어 수정 필요**
    * 소제목 "조사개요" 아래에 있는 "조사결과"가 소제목 "조사결과"와 중복
- 새로운 실태조사 개선방식도 언급하고 싶고 개선방식 적용에 따른 문제점도 언급하고 싶다 보니 두 가지가 혼재되어 **다소 방향성을 잃은 느낌**
    * 따라서, 소제목 "조사개요" 보다는 "현황 및 문제점"으로 문단을 풀어가는 것이 타당
- 문제점에 대한 개선(조치)계획을 담은 보고서는 "현황 및 문제점"보다 핵심인 **"개선(조치)계획"의 내용을 많게 작성**하여야 보고서가 보기 좋음
    * 원본 보고서는 상대적으로 많이 중요하지 않은 "조사개요"가 내용이 더 많음. 이에 따라, 예상되는 누락된 내용(시스템 재검토)을 추가하여 조치계획을 좀 더 충만하게 작성 필요

■ 향후계획

- "조사결과" 내의 "조사기간 연장 가능(최대 3월말까지)" 등의 일정과 관련된 내용은 소제목의 성격에 맞는 **"향후일정"에 포함**하여야 타당
- 예상되는 일정인 " ~개선 TF"를 추가하여 내용을 **완성도 있게 보완 필요**

③ 원본 6

00위원회 진정(00-진정-0000) 관련 서면 답변(보고)

⟨'00. 0. 0.(0). 총무과⟩

◇ 피진정인(사장)은 비정규직 직원 모두를 정규직으로 전환하면서, 진정인(홍길동)만 정년퇴직 예정자라는 이유로 제외하여 나이에 의한 차별로 생각하여 0000위에 진정 제기
☞ (기본방향) 내근직 전환 심사의 권한은 전적으로 "정규직 전환 심사위원회"에 부여

□ 피진정인 진정 요지에 대한 답변

○ 노사합의에 따른 "근로자의 처우개선, 고용안정 및 복지강화를 위한 합의서"('00.0.0)를 근거로 비정규직의 **정규직으로의 전환 추진**

○ 합의서 7의 3-3호에 따라 **외부전문가 과반 이상이 참여**하는 "**정규직 전환 심사위원회**"를 구성하여 정규직 전환 계획 등을 심의·의결함

  * 외부위원 3명과 내부위원 2명으로 구성(외부위원 중 1인을 위원장으로 선임)

○ 제1차 정규직 전환위에서 결정한 "비정규직 정규직 전환 계획(안)"의 추진배경에 **정년 유급휴가자 1명은 제외**한다고 규정

  * 정규직 전환 계획을 내부망 공지사항 게시판 게시('00.0.00)

> ① "**정규직 전환 계획**"은 노사 간 합의에 따라 이행될 수 있으며, 세부적인 계획에 대한 **결정 권한은 전적으로 정규직 전환 심의위원회 심의·의결 사항**
> ② 피진정인에 대한 차별이 아닌 노사합의 및 위원회 결정에 따라 전환 이행

□ 00지방고용노동청 진정 처리 결과('00.0.00)

○ (진정사유) 정규직 전환 제외 사유 및 임금 등 재정산 요청 등

○ (노동청) "노사합의서"에 근거한 "정규직 전환 심의위" 결정에 따라 <u>정년퇴직이 확정된 유급휴가자는 제외 의결함으로써</u> 애초 <u>정규직 전환 대상자가 아니므로 위법사항이 없는 것</u>으로 사료됨.

  * 유급휴가자란 정년퇴직 전 3개월 동안 유급휴가를 사용하는 자

□ 기타사항

○ (노사합의) 그간 지속적으로 논의된 '노사쟁점 협의회의'에 따라 열악한 근로자 처우개선의 일환으로 "**외근직 정규직 전환 계획**" 추진

  * '00년 0월~'00년 0월까지 15차례 진행된 <u>노사합의 결과에 따라 합의서 체결</u>

○ (적법절차) 노사합의서에 의거한 적법한 절차 이행에 따라 전환 이행

3 개선 6

○○위원회 진정(○○-진정-○○○○○) 관련 서면 답변(보고)

(0000. 0. 00.목. 총무과)

☐ **질의내용**
- ○ **(질의근거)** 서면진술서 및 자료제출 요구(00000 총무과-00, '00.0.00)
  * 사건번호 : 00-진정-00000/ 진정인 : 홍길동 / 피진정인 : 사장
- ○ **(질의내용)** 공무 정규직 전환 시 **정년퇴직 예정자 제외 사유***
  * 피진정인(사장)은 '00.0.0. 00 외근직 전원의 정규직 전환 시, 진정인(홍길동)만 정년퇴직 예정자라는 이유로 제외, **나이 차별**로 생각하여 0000위원회에 진정 제기

☐ **답변내용**

> ▸ 정규직 전환 근거 : "노사합의서" 및 "정규직 전환심의위 심의·의결"

- ○ **(합의서 근거)** "정규직 전환계획"은 "근로자의 처우개선, 고용안정 및 복지 강화를 위한 **노사간의 합의서('00. 0. 0)**"를 근거로 추진된 사항
  * '00.0월~'00.0월까지 **15차례** 진행된 노사합의 결과에 따라 합의서 체결
- ○ **(심의위 의결)** 합의서 7의 3-3호에 따라 외부전문가 과반 이상이 참여하는 **"정규직 전환 심사위원회"**를 구성하여 정규직 전환계획 등을 심의·의결
  - 외부위원 3명, 내부위원 2명 등 총 5명(외부위원 중 1인을 위원장으로 선임)
  - 제1차 정규직 전환위원회 결정 "정규직 전환계획(안)"의 추진배경에 **정년 유급휴가자 1명**은 **제외**한다고 규정
  * 정규직 전환 계획을 내부망 공지사항 게시판 게시('00. 0. 00)

※ **(동일건 관련)** 00지방고용노동청 진정 처리 결과('00.0.00/ 진정인 : 000)
- "노사합의서"에 근거한 "정규직 전환 심의위" 결정에 따라 정년퇴직이 확정된 유급 휴가자는 제외함으로써 정규직 전환 대상자가 아니므로 **위법사항이 없는 것**으로 사료

☐ **향후계획**
- ○ 진정인에게 답변 및 00지방고용노동청에 **처리결과 회신(00.0)**

☞ ③ 원본 6 분석

| 총평 | ▶ 전체적으로 <u>체계적이지 않고 답답하게 작성되어 내용정리 필요</u>
▶ 많은 내용을 압축·정리하지 않고 글자체만 작게 작성하다 보니 <u>시인성 저하</u> |

■ 제 목

　○ 글자체가 너무 작고 단어 등의 끊김이 많아 **보기 불편**

■ 본 문

　○ 전체적으로 **너무 빡빡하고 답답**하게 문서를 작성하여 **내용 정리 필요**

　○ 글자체가 너무 **작고(13p)**, 단어 등이 끊겨 **다음 줄로 넘어간 경우**가 있음

　　　＊ 많은 내용을 압축·정리하지 않고 **작은 글자체(13p)로만 많은 내용을 담으려다 보니** 문서가 꽉 차 보이고 답답해 보여 효율적인 문서 작성이 안 됨

　○ 1, 2, 3 원칙 중 "**2원칙**"인 두 줄 내로 작성되지 않고 **세 줄로 작성**된 경우도 있으며 그조차도 **아주 짧게 작성**되어 비효율적임(상단 박스)

　○ 1, 2, 3 원칙 중 "**3원칙**"을 적용하지 않아 정리가 안 되고 **체계적이지 않음**

　　　＊ "□ ○○지방고용노동청 진정 처리 결과('00.0.00)"와 "□ 기타사항"은 참고사항으로서 **본문내용에 흡수**되어 작성되어야 하나 그렇게 작성되지 않음

　○ **불필요한 박스***가 많고, **소제목간의 상하관계**가 없으며 **소제목의 글씨**는 가능한 짧아야 하나 과도하게 길고 일관성도 없어 **시인성이 매우 저하**

　　　＊ 박스가 많더라도 본문내용을 함축하고 잘 정리만 한다면 보기가 더 좋을 수 있음

■ 향후계획

　○ 본문내용에 빈공간이 없다면 향후계획은 쓰지 않아도 되는 질의·답변 보고서지만, 빈공간도 있고 예상되는 일정도 있으므로 **향후계획 일정 추가 필요**

3 원본 7

생생경제 공모과제 최종 검토결과(보고)

⟨ '00. 0. 0.(0). 홍보실 ⟩

Ⅰ. 검토 경위

□ **(경위)** 생활공감정책 국민아이디어 공모과정에서 보여준 국민들의 참여 열기를 계속 이어 생활공감정책 차원을 넘어 본격적인 경제살리기 국민제안 공모 실시(BH)

  * 공모기간 : '08. 12. 12~'09. 2. 20(행정안전부 주관)

Ⅱ. 검토 경과

□ **(BH요청)** 1~5차에 걸쳐 제출된 국민아이디어 132건 중 중점검토과제(45건)에 대해 검토회의 실시('09.3.9/창성동 별관)

  ○ 홍보1비서관실 주관으로 과제담당자와 45건 및 추천과제 7건에 대하여 검토한 결과 **채택과제 없음**

    - 대부분 기 시행중 또는 비현실적이거나, 타 부처 과제임

  ○ 이후 자체적으로 재검토하여 산하기관에서 제안한 과제 **2건**을 **장관표창 대상과제로 선정·제출**

□ **(심사결과)** 공모 분야별로 대학교수, 전문직 종사자로 구성된 심사위원회에서 우수아이디어 100건 선정

  ○ 최종 심사결과 우리 부 관련 과제 **총 17점** 선정

    - 대상 1점 외에 최우수 1점, 우수 3점, 장려 4점, 입선 8점

Ⅲ. 향후 추진계획

  ○ 우수 아이디어 시상(VIP 참석) : '00. 4. 22(수). 15시~17시/청와대 영빈관
  ○ 시행 및 중점관리(BH) : '00. 5월 이후

③ **개선 7**

우리 부 『생생경제』 공모과제 최종 심사결과(보고)

['00. 0. 00(화), 홍보실]

□ **심사배경**

- **(배 경)** BH가 행안부*를 통해 본격적 **경제살리기 국민제안** 공모 실시

    * 공모기간(행안부 주관) : '00.12.12~'00.2.20(8일)(1~5차 공모하여 135건 제안)

- **(경 과)** 우리 부는 BH 요청으로 135건 중 **52건**(중점 45건, 추천 7건) 검토결과 **0건*** 채택, 이후 산하기관에서 제안한 **2건을 장관표창** 대상으로 선정·제출

    * 우리 부 홍보1실 주관으로 과제담당자와 협의하여 중점과제 45건 및 추천과제 7건에 대하여 검토한 결과, 대부분 타 부처 과제이고, 기 시행 중이거나 비현실적임

□ **심사결과(선정현황)**

- **(기 간)** '00. 0.25 ~ 0.26(2일)
- **(장 소)** 행안부(창조혁신담당관 회의실)*

    * 공모 분야별로 대학교수, 전문직 종사자로 구성된 **심사위원회(총 10명)**에서 선정

- **(대 상)** 우수아이디어 **100건**
- **(결 과)** 우리 부 관련 과제 **총 17점*** 선정

    * 대상 1점 외에 최우수 1점, 우수 3점, 장려 4점, 입선 8점

□ **향후계획**

- 우수 아이디어 **시상**(BH 영빈관) : '00. 4. 22(수). 15~17시(VIP 참석)
- 시행 및 **중점관리**(BH) : '00. 5월 이후

☞ ③ 원본 7 분석

| 총평 | ▶ 공모심사 주체와 보고하는 주체가 혼재되어 있어 이해하기 어려움
▶ 글자체, 소제목 등 본문 구성이 일반적인 형태가 아니라 시인성 저하 |

■ 제 목

o 생생경제 공모·심사 주체는 BH(행안부)지만, 선정된 결과 보고 **주체는 우리 부**이므로 제목에 **"우리 부"**를 추가하여야 **이해 수월**

o 제목박스의 제목 핵심내용에 대한 **강약이 다소 부족**

o 제목박스 우측 아래에 보고서 작성일자 및 작성부서가 **명기되어 있지 않음**

■ 본 문

o 1장 보고서에서 **소제목이 일반적인 형태가 아니며**, 문단에서 단어가 끊어져 다음 줄로 넘어가는 등 본문 구성이 매우 조잡하여 **시인성 저하**

o 생생경제 공모·심사 주체와 심사결과 보고 주체가 제목부터 본문까지 **혼재**되어 **제목에 맞게 본문도 주체를 일관성 있게** 작성 필요

o 제목이 '심사결과'로 작성되었으므로 본문내용도 '심사결과(선정현황)'에 대하여 육하원칙으로 작성되어야 함

o "검토경위" 내용이 '1, 2, 3 원칙' 중 **"2원칙"**인 2줄이 아닌 3줄로 작성

■ 향후계획

o 용어 및 용어의 위치 일관성 필요

　* (용어)BH, 청와대/ (위치)BH 영빈관, BH

③ 원본 8

4조 2교대 시범운영 관련 중간점검회의 결과

[2026. 2. 28(수), 인사노무팀]

□ 배 경
- 시범운영 중인 4조 2교대의 포괄임금제에 대한 현장의 건의사항, 노무사 자문의견 등 **일부 문제점이 발견**되어 **토론회 개최**

□ 회의개요
- 기 간 : 2026. 2. 28(수), 09:30 ~ 10:30 / 사옥 중회의실
- 참 석 : 사장, 노조위원장 등 11명
- 주 제 : 4조 2교대 시범운영 관련 점검사항 등 논의

□ 회의결과
- **사측**은 임금 편차 조정을 위한 4조 2교대 포괄임금제는 실제 근무한 시간에 따른 개별(대별) **임금 및 퇴직금 차액 문제** 발생* 우려
  - 탄력근로제를 운영하면서 **실근로 기준 임금을 지급한 후 총 인건비 비교* 필요**
    * 2026년 1월(포괄임금)과 2월(실근로) 급여(인건비) 비교 검토 예정
- **노측**은 포괄임금제는 특정기간(2월 : 29일) **실근로와의 차이** 및 **소정근로시간 문제** 발생으로 4조 2교대의 전제가 포괄임금제는 아니며,
  - 소정근로시간(173.8시간)은 노사합의사항이지만 추후 **장기적인 관점**에서 논의 필요

□ 향후 계획
- 2024년 1월(포괄임금)과 2월(실근로) 급여 지급 후 **인건비 비교**

③ 개선 8

4조 2교대 시범운영 관련 중간점검회의 결과(보고)

[2026. 2. 28(수), 인사노무팀]

☐ **회의개요**

○ (**배   경**) 시범운영 중인 4조 2교대의 포괄임금제에 대한 현장의 건의사항, 노무사 자문의견 등 **일부 문제점이 발견**되어 사전 검토 필요
   * 4조 2교대 시행 시 임금 및 퇴직금 차액 문제 등 발생

○ (**일시/장소**) 2026. 2. 28(수), 09:30~10:30 / 사옥 중회의실

○ (**참   석   자**)(사측) 사장, 기획관리실장, 인사노무팀장, 관리운영팀장 등 9명
         (노측) 보안업무종사자 노동조합 위원장, 홍길동 조장 2명

○ (**회의주제**) 4조 2교대 시범운영 관련 점검사항 등 논의

☐ **회의결과**

> ① **포괄임금제 적용 불가**(예외 적용), ② **추후, 인건비 비교**(1~2월)

○ (**사측**) 임금 편차 조정을 위한 4조 2교대 포괄임금제 **적용 불가**(예외적 적용)
   - 실제 근무한 시간에 따른 개별(대별) **임금 및 퇴직금 차액 문제** 발생*
     * 단, **유급휴가제도를 활용**하여 개인별 **퇴직금 산정 기간 조정** 가능
   - 탄력근로제를 운영하면서 **실근로 기준임금 지급 후 총 인건비 비교*** 필요
     * 2026년 1월(포괄임금)과 2월(실근로) **급여(인건비) 비교 검토** 예정

○ (**노측**) 포괄임금제는 특정기간(2월 : 29일) **실근로와의 차이** 및 **소정근로시간 문제** 발생으로 장기 검토 필요
   - 4조 2교대의 전제가 포괄임금제는 아니며, 소정근로시간(173.8시간)은 노사합의사항이지만 추후 **장기적인 관점**에서 논의 필요

☐ **향후계획**

○ '26년 1월(포괄임금)과 2월(실근로) 급여 지급 후 **인건비 비교·검토(3월~)**

○ 의견조회 및 **4조 2교대 실시(4.1~)**

☞ ③ 원본 8 분석

총평	▶ 중요한 내용의 회의에 대한 **참고내용이 매우 부족**
	▶ 회의결과일 경우 더더욱 1, 2, 3원칙 중 '3원칙'에 따라 **삼단 구성 필요**

■ 제 목

　ㅇ 제목이 컬러 등 강약이 없고, 글씨체도 본문과 유사하여 **차별성 부족**

■ 본 문

　ㅇ 회의결과 보고서는 한눈에 결과를 볼 수 있도록 '박스'도 필요

　ㅇ 본문은 '1, 2, 3원칙' 중 **'3원칙'**, 즉, **3단**으로 구성되어 있지 않아 비효율적인데, 특히, 소제목 "배경"은 **"회의개요" 내용에 포함**하여 작성 필요

　ㅇ "회의결과"와 같이 보고서의 핵심내용 정리가 잘 안 되어 있고, 별표(*)를 통한 **참고내용이 부족**하여 문단 전체를 이해하는 데 매우 어려움

　ㅇ "회의결과" 내용에 대해 **시인성 향상**을 위해 괄호 "( )"로 작성 필요

　ㅇ 줄 간격 등이 일관성 없고, 본문 아래 빈공간이 많아 **비효율적 문단 구성**

　ㅇ "~소정근로시간(173.8시간)은~"과 같이 한 줄 조금 넘는 문단의 경우 문단을 조정하여 꽉 채운 **한 줄 또는 두 줄**로 작성하여 **시인성 향상 필요**

■ 향후계획

　ㅇ 향후일정에서 연월일은 가능하면 **우측 끝에** 기재

　ㅇ 회의결과에 따라 향후 **예상되는** 일정을 창의적으로 추가 작성 필요

③ **원본 9**

공직기강 확립을 위한 복무점검 실시 결과 보고

〈'26. 10. 24.(화), 총무과〉

□ **목적**
  ○ 외부사정기관 등의 공직복무점검 대비 및 불미스러운 사고 예방
  ○ 지속적 복무관리 및 점검.확인을 통해 공직기강 확립

□ **점검 개요**
  ○ 점검일시 : '26. 10. 23.(월)
  ○ 점 검 자 : 인사서무팀장, 보안담당자 및 인사서무팀원 6명
  ○ 점검내용

구분	주요점검내용	점검일시	점검대상
복무 점검	■ 출근시간 준수여부 * 9시 이후 출근 유연근무자 포함 ■ 사원증 패용여부	'26. 10. 23.(월) 08:30~10:00	청사, 상황실, 사무실, 출장소
	■ 중식 후 업무 복귀시간 준수여부	'26. 10. 23.(월) 13:00~13:30	청사
	■ 근무시간 중 무단이석 여부	'26. 10.23.(월) 수시	청사
보안 점검	■ 점심시간 출입문 잠금 및 소등여부	'26. 10. 23.(월) 12:00~13:00	청사
	■ 최종 퇴청자 보안점검 실태 * 캐비넷 등 잠금상태, 개인PC 등 사무기기 전원 차단 여부, USB 등 보조기억매체 보관여부 등	'26. 10. 23.(월) 21:30~23:30	청사
초과 근무 운영 실태	■ 시간외근무 사전 및 사후신청 여부 ■ 불필요한 초과근무 신청 여부 ■ 초과근무 사적용무 ■ 실적 허위기재 및 대리입력 ■ 음주 후 초과근무 여부 등	'26. 10. 23.(월)	'26. 10.23.초과근무자

□ 점검 결과
  ○ (복무점검) 대체로 양호, **지적사항 1명**(출근시간 지각, 00과 1명)
    ⇨ 지적사항 있을 경우 위반 횟수에 상관없이 익월 벌당직 조치
    ⇨ 부서장에 명단 통보 및 복무부서에서 실시하는 교육 참석
  ○ (보안점검) 대체로 양호, **지적사항은 없음**
    ⇨ 점검발생 재발 방지를 위한 관련부서 <u>부서장 책임하에 교육</u> 및 보안점검부분에서 연 2회 이상 지적될 경우 <u>익월 벌당직 등 조치</u>
    ⇨ 출입문 미시건 등 부서 공동 보안사항이 연 2회 이상 지적될 경우 '자체 교육' 및 '부서자체보안계획' 수립하고 이행 결과 제출
  ○ (초과근무) 부당 운영사례 등 지적사항 없음

□ 행정사항 등 조치계획
  ○ 위반자(복무 1회, 보안 2회) : 벌당직 1회
    - 익월 당직근무편성 시 우선 순위자로 당직근무발령(개별통보)
  ○ **지적사항**이 발생한 부서에서는 **자체교육 등**
    - 관련부서는 부서장 책임 하에 재발방지 교육 등 조치 후 운영지원과 통보
  ○ **취약시기 및 외부점검 대비 재발방지** 추진
    - 주간회의, 전 직원 교육시간 등을 이용 수시 환기
  - 취약시기에는 매월 점검을 실시하는 등 복무점검 강화

③ **개선 9**

공직기강 확립을 위한 복무점검 실시 결과 보고

[2026. 10. 24(화), 총무과]

□ 점검개요

- (배 경) 외부기관 **점검대비** 및 지속적 점검으로 **공직기강 확립**
- (기 간) '26. 10. 23.(월). 08:30 ~ 23:30(1일간)
- (점검자) 인사서무팀장(반장), 인사서무팀원 및 보안담당자 등 **총 6명**
- (대 상) 본청 청사, 출장소, 상황실 등 총 22개소
- (방 법) 복무, 보안 및 운영실태 등 2인 1조 점검(첨부 참조)

□ 점검결과

> **복무점검 1명 지적(지각) 외에 대체로 양호**

- (복무점검) 대체로 양호, **지적사항 1명**(00과 출근시간 지각)
  - ☞ 지적사항 있을 시 매 회 익월 **벌당직**, 부서 명단통보 및 집합교육
- (보안점검) 대체로 양호, **지적사항은 없음**
  - ☞ 지적사항 연 2회 이상 시 익월 **벌당직**, 부서 명단통보 및 집합교육
  - ☞ 출입문 미시건 등 부서 공동 보안사항 연 2회 이상 시 '자체 교육' 및 '부서 자체 보안계획' 수립, 이행 결과 제출
- (초과근무) 부당 운영사례 등 **지적사항 없음**

□ 향후계획

- 위반자 **벌당직 1회**(우선순위) 시행(11.1~)
- **지적사항** 발생 부서는 **자체교육 후 총무과로 실적 통보**(10.31까지)

☞ ③ **원본 9 분석**

총평	▶ 1장으로 가능한 보고서를 2장으로 만들어 **비효율적(특히, 복잡한 표)**
	▶ "**표**"와 같이 복잡한 내용은 <u>한 줄로 요약하고 첨부로 작성 필요</u>

- **제 목**
  - 제목박스가 **(구)디자인**이고, 제목글자가 컬러 등 강약이 없어 **단순**

- **본 문**
  - 점검결과 보고서는 **한눈에 결과**를 볼 수 있도록 '**박스**'로 **작성** 필요
  - 1장으로 가능한 보고서를 2장으로 작성하여 **비효율적**이며 **시인성 저하**, 특히, 첨부로 넘겨야 할 **표 내용이 복잡**하여 결재자가 이해하는 데 곤란
  - 본문은 1, 2, 3원칙 중 '**3원칙**', 즉, **3단**으로 구성되어 있지 않아 비효율적인데, 특히, 소제목 "목적"*은 "**점검개요**"에 **포함**하여 작성 필요
    * "목적"의 내용이 과도하게 **추상적**이어서 필요한 내용만 추려내어 작성 필요
  - 문자표 "○", 수염표시(-) 및 줄 간격 등이 **일관성 없음**
  - "점검내용"의 "**표**"는 **간략히 요약**하여 본문에 넣고 첨부로 넘김

- **향후계획**
  - "행정사항 등 조치계획"의 내용이 **불필요하게 많아** 내용 정리가 필요하고, "향후계획"으로 **소제목을 변경** 필요

3 **원본 10**

등록번호	
등록일자	
결재일자	
공개구분	공개

팀장	본부장	사장		
협조자				

00국제여객터미널 개장 관련 업무 협의회

아래와 같이 출장결과를 보고합니다.						
보고일자	'00.0.00. (화)					
보고자	소속	00000	직위	00	성명	000
회의일시	'00.00.00.(화) 15:00 ~ 16:30					
장 소	A사 임원회의실 (00타워 00층)					
용 무	00여객터미널 및 크루즈부두 개장 준비를 위한 업무 협의					

[회의결과]
☐ **A사 00본부 000 부사장 주관**
　참석자 : A사 00사업부 (000실장 외 4인), 00운영실(000실장 외 2인)
　　　　　B사(000 본부장, 000 팀장), C사(000 팀장 외 1인)
☐ 추진배경
　2023년 본격적인 엔데믹 시대가 도래함에 크루즈 입항 재개 및 00카페리 재개에 대한 00항 국제여객터미널 정상화 대비하여 인력보강, 각종 시설 개선 등 필수적인 개선사항을 적기 조치하기 위함
☐ 현황 및 필요성 (특정예산 집행계획 등) 협의
　○ (현황) 운영 – 소방시설 관리 및 안전관리 등 운영관련 인원, 예산 검토 협의
　　　　　　시설 – 국제여객터미널 내 시설(수하물 이송용 컨베이어 추가, 안내표지판 설치 등) 개선 예산 검토협의
　　　　　　보안 – 터미널 건축인력 (0명)충 원 및 장비 유지보수(CCTV, X-ray) 예산 검토 협의
　　　　　　＊ 측정·심사 결과 건축인력(50명) 대비 <u>0명 부족</u>
　　　　　　＊ 건축인력(0명) 인건비 00억 추가 집행
☐ 향후 조치 계획
　○ **A사** – '00.0. 운영위원회 안건 상정 및 예산위원회 개최 심의
　○ **B사** – **건축인력 (0명) 신규 채용 및 인력운영 조치** / ＊추후 개장 정상화 시 인력, 예산 지원
　○ **C사** – 터미널 내·외부 시설개선 및 운영관리 인원 등 조치

3 개선 10

등록번호	
등록일자	
결재일자	
공개구분	공개

팀장	본부장	사장		
협조자				

00국제여객터미널 개장 관련 업무 협의회

아래와 같이 출장결과를 보고합니다.

보고일자	'00.0.00. (화)					
보 고 자	소속	00000	직위	00	성명	000
회의일시	'00.00.00.(화) 15:00 ~ 16:30					
장 소	A사 임원회의실 (00타워 00층)					
용 무	00여객터미널 및 크루즈부두 개장 준비를 위한 업무 협의					

□ 회의개요
- (주 제) 금년부터 본격적 엔데믹시대 도래에 따른 **크루즈 및 00카페리 재개 대비**
- (참석자) A, B, C사 총 13명
  - A사 : 00본부장 000(주재), 00사업부(00 실장 등 5), 운영실(000 실장 등 3명)
  - B사 : 00 본부장, 000 팀장 등 2명
  - C사 : 000 팀장 등 2명
- (주요내용) 보안, 소방시설, 안전관리 등 관련 인력 및 예산 검토

□ 회의결과
- (건축) 인력 **0명** 신규 충원(A사에서 인건비 **0억** 추가 지원)
  * 현재, 안전 측정·심사 결과 건축인력(00명) 대비 **0명 부족**
  * 검사장비 유지보수(CCTV, X-ray) 예산 협의(추가 검토 예정)
- (시설) 터미널 내 시설(수하물 이송용 컨베이어 추가, 안내표지판 설치 등)개선 예산 협의(추가 검토 예정)

□ 향후계획
- A사 : 운영위원회 안건 상정 및 예산위원회 개최 심의('00.0월 중)
- B사 : **인력 0명 신규 채용 및 인력운영 조치(하반기)** *추후 개장 정상화 시 단계별 인력·예산 추가 지원
- C사 : 터미널 내·외부 시설개선 및 운영관리 인원 등 조치('00.0월 중)

☞ ③ **원본 10 분석**

| 총평 | ▶ 전체적으로 체계적이지 않고 어수선
▶ 많은 내용을 압축·정리하지 않고 글자체만 작게 작성하다 보니 시인성 저하 |

■ 제 목

  ○ 제목이 컬러 등 강약이 없어 **단순**

■ 본 문

  ○ 1, 2, 3 원칙 중 '**2원칙**'인 두 줄이 아닌 **3줄로 작성**된 경우도 있으며 그조차도 **아주 짧게 작성**되어 비효율적임("추진배경", "현황")

  ○ 1, 2, 3 원칙 중 '**3원칙**'을 적용하지 않아 정리가 안 되고 **체계적이지 않음**

    * 회의 관련 출장보고서라도 처음엔 "회의개요"가 있어야 하고 그 다음은 "회의결과"가 나오고 그 다음은 "향후계획"이 나와야 하는데 그렇게 작성되지 않음

  ○ 본문에서 "회의결과" 찾기가 매우 어려울 정도로 **혼재되고 난해하게 작성**

  ○ 문자표(□, ○)도 일관성 없고, 문단 줄도 맞지 않게 작성되어 **시인성 저하**

  ○ 중요내용에 **강약(컬러 등)** 사용으로 **시인성 향상** 필요

  ○ 소제목 간 구분이 잘 안 되어 **시인성 저하**

■ 향후계획

  ○ 향후계획 일정 추가 필요

쉬어가기 : 공직생활 에피소드 3

☞ 실습문제 (보고서 작성, 30분)

* 직접 실습해 보세요(기본 자료가 있으므로, 30분 이내 완성 요망)

[실습문제]

'24년 보안외근직 단화 정기지급 계획(안)

['00. 0. 00(목), 자재관리팀]

☐ **단화 선호도 조사결과**

- ○ **(기 간)** '24. 3. 12~19(8일간*) / 사옥 3층 교육장
  - * 보안외근직 직무교육기간(3.12~15) 활용, 터미널보안팀(3.18~19)
- ○ **(작 성)** 대상자 330명 중 **267명*** 개인별 선호도 작성(약 81%)
  - * **남성 236명**(청경53, 특경183), **여성 31명**(특경)
- ○ **(결 과)** 남성화 **C형** ((금강제화((MVS9884)) 선호, 285명 중 130명(45.6%)
  여성화 **A형** ((한신제화(기존 단화)) 선호, 45명 중 20명(44.5%)

☐ **단화 지급계획**

- ○ **(계 약)** 남성화(C형) **285켤레**(금강제화), 여성화(A형)* **45켤레**(한신제화)
  선호도 결과반영 계약체결(3월중)
  - * 소량수량으로 지출품의 결재 후 지급
- ○ **(예 산)** **17,190천 원**(예산 21,450천 원 대비 **426만 원** 절감, 내·외항 구분)*
  - * 남성화 **15,390천 원**(285켤레×54,000원, 업체단가 적용)
  - – 청경(53켤레, 2,862천 원), 내항특경(114켤레, 6,156천 원), 외항특경(118켤레, 6,372천 원)
  - * 여성화 **1,800천 원**(45켤레×40,000원, 업체단가 적용)
  - – 내항특경(27켤레, 1,080천 원), 외항특경(18켤레, 720천 원)
- ○ **(지 급)** 5월 중 지급*(제작·생산 기간 약 50일 고려)
  - * 보안외근직 입사 시 지급(동일단가)

☐ **향후계획**

- ○ 단화 선호도조사 **격년제(2년)** 시행(만족도 제고)

[모범답안]

'00년도 보안외근직 단화 정기 지급계획(안)

['00. 0. 00(목), 자재관리팀]

□ 근 거

- **(사 규)** 물품관리규정 제22조 별표3(단화 사용기간 1년)
- **(설 문)** '00.0.00~00〔남녀 대상자 **330명** 중 **267명**(87%) 의견〕*

  * **남성화 C형**【금강제화((MVS9884)】 선호, 285명 중 130명**(45.6%)**

    여성화 A형【한신제화(기존 단화)】 선호, 45명 중 20명**(44.5%)**

  ※ '22년엔 남성화(금강제화 컴포트 스니커즈형), 여성화(쿠션화) 지급

□ 지급계획(방안)

- **(기 간)** '00. 0.00 ~ 0.00(약 8일)
- **(장 소)** 사옥 3층 교육장
- **(대 상)** 총 **330명**(남성화 : 285명 C형/ 여성화 : 45명 C형)

  * 청경(53켤레, 2,862천 원), 내항특경(114켤레, 6,156천 원), 외항특경(118켤레, 6,372천 원)

- **(방 법)** 직무교육 시 지급(외근직 : 00. 0~0/ 터미널팀 : 00. 0~0)
- **(예 산)** 약 **1.7억 원**(예산 21,450천 원 대비 426만 원 절감, 내·외항 구분)*

  * 남성화 **15,390천 원**(285켤레×54,000원, 업체단가 적용)

□ 향후계획

- 단화 구입계약 (0~0월)
- 단화 지급(제작·생산 기간 약 50일 고려)(0월)

※ 참고사항

1) 법령 등 제·개정 방법   141
2) 공무원도 자주 틀리는 한글 맞춤법   149
3) 문서작성 팁(아래한글)   153

1) 법령 등 제·개정 방법
* 알기 쉬운 법령 정비기준 참조(법제처)

☐ **법률 등 관계**
  ○ 헌법> 법률> 대통령령> 총리령·부령> 행정규칙, 자치법규

☐ **법률 제·개정 절차**
  ○ 입안*> 협의> 입법예고> 규제심사> **정부**(대통령)> **국회**(상임·법사·본회의)> **정부(대통령) 공포**(20일 후 효력 발생)

    * ①국회의원 10인 이상, ②국회의 위원회(본 회의로 바로 상정), ③정부

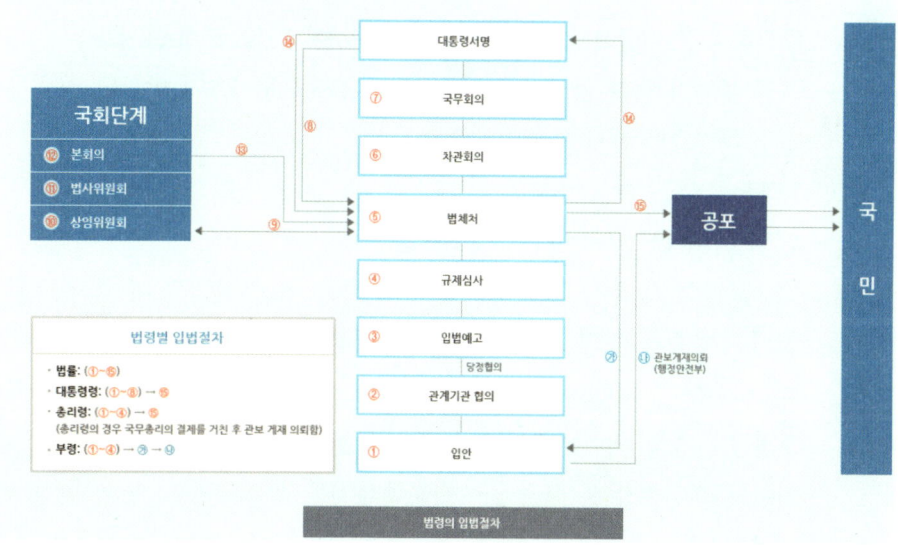

☐ 신·구 조문 대비표(작성방법)

【기본원칙】
- **한글화**하거나 **띄어쓰기만** 한 경우에도 개정안 작성
- 현행과 개정안을 좌우측에 배치하여 개정내용을 한눈에 알 수 있게 하며, 비고란에는 제·개정 사유를 개략적으로 설명하고 내용이 많을 경우 **별지 첨부**
- 현행과 개정안(양대비표)에 정비 대상 규정의 모든 조문 전문(全文)을 작성, 일부 항만 개정하더라도 그 조의 모든 항 전문(全文) 작성
- **조, 항, 호**만 '제(第)'를 앞에 넣되, **목**은 '제(第)'를 넣지 않는다.

【밑줄/글씨】
① 법령이름
- 정비할 법령 이름
  - 단순히 한글 변환, 띄어쓰기 변경은 대비표에서 밑줄 및 보통글자체
  - 글자 추가, 변경, 삭제 시 법령이름 전체에 **밑줄, 진한 글씨**
- 인용된 법령 이름
  - 고칠 부분이 전혀 없거나 낫표(「」) 추가, 한글 변환, 띄어쓰기 변경만 할 경우엔 이름에 밑줄 긋지 않음
  - 글자 추가, 변경, 삭제 시 이름 앞뒤의 낫표 포함 전체 **밑줄, 진한 글씨**
  - 완전히 다른 이름으로 개정 시 낫표 포함 전체 **밑줄, 진한 글씨**
  - 고칠 부분이 전혀 없더라도 이름 바로 뒤의 조문번호가 변경된 경우에는 그 조문번호와 함께 이름도 밑줄

② 법령내용
- 변경된 부분(신·구가 다른 부분)은 밑줄
- '조사' 변경 시 조사 포함한 단어 전체 밑줄, 조사 불변경 시 명사 다음의 조사는 밑줄 긋지 않으나 이해 어려운 경우 밑줄
- '어미' 변경 시 어미 포함한 단어 전체 밑줄, 어미 불변경 시 한 단어만 변경 시 밑줄 긋지 않고, 연이은 단어 모두 변경 시 밑줄
- 가운뎃점(·) 추가 시 밑줄, 단, 가운뎃점(·)을 반점(,)으로, 또는, 반점(,)을 가운뎃점(·)으로 변경 시 밑줄 긋지 않음

- 띄어쓰기, 단순 한글 변환 시 밑줄 긋지 않으나, 한글로 변환하면서 한자를 같이 써 준 경우 한글과 한자 모두 밑줄
- 변경된 내용이 알기 쉽게 고치기만 한 경우 보통 글자체이나, 기존 제도나 정책내용을 바꾸는 것(내용개정)이면 **진한 글씨**
- 조, 항, 호, 목 전체 밑줄 긋는 경우는,
  조, 항, 호, 목 신설, 삭제 시, 조, 항, 호, 목 대부분 변경 시
- 조, 항, 호, 목 일부만 밑줄 긋는 경우는,
  조, 항, 호, 목 내용개정이 없거나 극히 일부분만 변경 시 변경된 부분만
  (단, 전체 구조 변경 시에는 조, 항, 호, 목 전체 밑줄)

【신설/삭제/생략】

○ 개정안의 내용 중 변동되는 부분은 시인성 확보를 위해 **밑줄 컬러**로 구분하고, 현행과 같은 내용일 경우 **점선(- - - -)** 또는 **(생∨∨략)**으로 표시
○ 생략된 내용은 현행에는 표시하고, 개정에는 **(현행과 같음)**으로 표시
○ 신설, 삭제 등 변화를 주는 내용은 **홑화살괄호** 〈신∨∨설〉, 〈삭∨∨제〉로 표시
○ 삭제된 내용은 현행란에만 표시하고, 개정란에는 표시하지 않음

(예시)

「도로교통법 일부개정법률안」
(임호선 의원 대표발의)

의안번호	6151

발의연월일 : 2020. 12. 7.
발 의 자 : 임호선 · 강준현 · 김경만
김민철 · 문진석 · 소병철
신정훈 · 이규민 · 이형석
정필모 · 홍기원 · 홍성국
홍익표 의원(13인)

제안이유 및 주요내용

국가자격증은 국민의 생명, 재산, 권리·의무와 직결되고 상호거래 시 신뢰의 기반이므로, 자격제도 근간을 침해하는 자격증 대여·알선행위는 행정처분, 형사처벌 등을 통해 엄격 관리되어야 함.

그러나, 현행법에서 운전면허증, 운전전문학원의 강사자격증·기능검정원 자격증의 불법대여에 대하여 자격취소 등의 행정처분은 규정하고 있으나, 불법대여 및 불법대여 알선에 대한 벌칙규정은 두고 있지 않음.

또한 차량 대여 시 대여자의 운전자격 확인을 위해 사용 중인 '운전면허정보 자동검증시스템'에 입력하여야 하는 운전면허증에 기재되어 있는 내용을 부정하게 사용할 목적으로 빌려주거나 빌리는 행위, 이를 알선하는 행위에 대하여 행정처분이나 벌칙규정을 두고 있지 않음.

이에 운전면허증(운전면허증에 기재되어있는 내용도 포함)과 자격증을 부정하게 사용할 목적으로 빌려주거나 빌리는 행위, 이를 알선하는 행위를 금지하고, 이를 위반한 경우 1년 이하의 징역 또는 1천만 원 이하의 벌금에 처하도록 함으로써 부패행위의 예방과 청렴문화의 조성에 기여하고자 함(안 제85조제6항 신설, 안 제93조제1항제15호 등).

법률 제   호

「도로교통법 일부개정법률안」

도로교통법 일부를 다음과 같이 개정한다.

제85조에 제6항을 다음과 같이 신설한다.

⑥ 제2항부터 제4항까지에 따라 발급받은 운전면허증(운전면허증에 기재되어 있는 내용도 포함한다)은 부정하게 사용할 목적으로 다른 사람에게 빌려주거나 빌려서는 아니 되며, 이를 알선하여서도 아니 된다.

제93조제1항제15호 중 "운전면허증을 다른 사람에게 빌려주어 운전하게 하거나"를 "운전면허증(운전면허증에 기재되어있는 내용도 포함한다. 이하 이 호에서 같다)을 부정하게 사용할 목적으로 다른 사람에게 빌려주거나"로 한다.

제106조제3항부터 제5항까지를 각각 제4항부터 제6항까지로 하고, 같은 조에 제3항을 다음과 같이 신설한다.

③ 제2항에 따라 발급받은 강사자격증은 부정하게 사용할 목적으로 다른 사람에게 빌려주거나 빌려서는 아니 되며, 이를 알선하여서도 아니 된다.

제107조제3항 및 제4항을 각각 제4항 및 제5항으로 하고, 같은 조에 제3항을 다음과 같이 신설한다.

③ 제2항에 따라 발급받은 기능검정원 자격증은 부정하게 사용할 목적으로 다른 사람에게 빌려주거나 빌려서는 아니 되며, 이를 알선하여서도 아니 된다.

제113조제2항제5호 중 "제106조제5항을"을 "제106조제6항을"로 한다.

제151조의2를 제151조의3으로 하고, 제151조의2를 다음과 같이 신설한다.

제151조의2(벌칙) 제85조제6항, 제106조제3항 또는 제107조제3항을 위반하여 운전면허증·강사자격증 및 기능검정원 자격증을 빌려주거나 빌린 사람 또는 이를 알선한 사람은 1년 이하의 징역이나 1천만 원 이하의 벌금에 처한다.

부   칙

이 법은 공포 후 6개월이 경과한 날부터 시행한다.

신·구 조문대비표

* 일반적으로 보고 및 설명을 위해 맨 우측에 '비고' 란을 추가하여 활용

현 행	개 정 안
제85조(운전면허증의 발급 등) ① ~ ⑤ (생 략) 〈신 설〉	제85조(운전면허증의 발급 등) ① ~ ⑤ (현행과 같음) ⑥ <u>제2항부터 제4항까지에 따라 발급받은 운전면허증(운전면허증에 기재되어 있는 내용도 포함한다)은 부정하게 사용할 목적으로 다른 사람에게 빌려주거나 빌려서는 아니 되며, 이를 알선하여서도 아니 된다.</u>
제93조(운전면허의 취소·정지) ① 지방경찰청장은 운전면허(연습운전면허는 제외한다. 이하 이 조에서 같다)를 받은 사람이 다음 각 호의 어느 하나에 해당하면 행정안전부령으로 정하는 기준에 따라 운전면허(운전자가 받은 모든 범위의 운전면허를 포함한다. 이하 이 조에서 같다)를 취소하거나 1년 이내의 범위에서 운전면허의 효력을 정지시킬 수 있다. 다만, 제2호, 제3호, 제7호부터 제9호까지(정기 적성검사 기간이 지난 경우는 제외한다), 제14호, 제16호부터 제18호까지, 제20호의 규정에 해당하는 경우에는 운전면허를 취소하여야 한다.	제93조(운전면허의 취소·정지) ① --. --.
1. ~ 14. (생 략)	1. ~ 14. (현행과 같음)
15. <u>운전면허증을 다른 사람에게 빌려주어 운전하게 하거나 다른 사람의 운전면허증을 빌려서 사용한 경우</u>	15. <u>운전면허증(운전면허증에 기재되어 있는 내용도 포함한다. 이하 이 호에서 같다)을 부정하게 사용할 목적으로 다른 사람에게 빌려주거나 다른 사람의 운전면허증을 빌려서 사용한 경우</u>
16. ~ 20. (생 략) ② ~ ④ (생 략)	16. ~ 20. (현행과 같음) ② ~ ④ (현행과 같음)

제106조(전문학원의 강사) ①·② (생 략)	제106조(전문학원의 강사) ①·②(현행과 같음)
<신 설>	③ 제2항에 따라 발급받은 강사자격증은 부정하게 사용할 목적으로 다른 사람에게 빌려주거나 빌려서는 아니 되며, 이를 알선하여서도 아니 된다.
③ ~ ⑤ (생 략)	④ ~ ⑥ (현행 제3항부터 제5항까지와 같음)
제107조(기능검정원) ①·② (생 략)	제107조(기능검정원) ①·② (현행과 같음)
<신 설>	③ 제2항에 따라 발급받은 기능검정원 자격증은 부정하게 사용할 목적으로 다른 사람에게 빌려주거나 빌려서는 아니 되며, 이를 알선하여서도 아니 된다.
③·④ (생 략)	④·⑤ (현행 제3항 및 제4항과 같음)
제113조(학원등에 대한 행정처분)	제113조(학원등에 대한 행정처분)
① (생 략)	① (현행과 같음)
② 지방경찰청장은 전문학원이 다음 각 호의 어느 하나에 해당하면 행정안전부령으로 정하는 기준에 따라 학원의 등록을 취소하거나 1년 이내의 기간을 정하여 운영의 정지를 명할 수 있다.	② --.
1. ~ 4. (생 략)	1. ~ 4. (현행과 같음)
5. 제106조제5항을 위반하여 학감이 강사가 아닌 사람으로 하여금 학과교육 또는 기능교육을 하게 한 경우	5. 제106조제 6항을 --
6. ~ 9. (생 략)	6. ~ 9. (현행과 같음)
③·④ (생 략)	③·④ (현행과 같음)

<신 설>	제151조의2(벌칙) 제85조제6항, 제106조제3항 또는 제107조제3항을 위반하여 운전면허증·강사자격증 및 기능검정원 자격증을 빌려주거나 빌린 사람 또는 이를 알선한 사람은 1년 이하의 징역이나 1천만 원 이하의 벌금에 처한다.
제151조의2(벌칙) (생 략)	제151조의3(벌칙) (현행 제151조의2와 같음)

2) 공무원도 자주 틀리는 한글 맞춤법

☐ 맞춤법

① 되 / 돼
  - 돼("되어"로 바꿔서 **자연**스러운 경우)
    예) 너의 수학 실력이 향상**돼서** 정말 기쁘다.(**되어**의 축약)
  - 되("되어"로 바꿔서 **부자연**스러운 경우)
    예) 어른이 **되면** 군대를 간다.

② 안 / 않
  - 안("아니"의 준말)
    예) 너는 학교를 왜 잘 **안** 가는지 모르겠다.
  - 않("아니하"의 준말)
    예) 그 영어문제의 정답이 맞지 **않**다는데 뭐가 맞단 말인가?

③ 든 / 던
  - 든(선택하는 경우)
    예) 계획이 성공하**든**, 실패하**든** 국가의 책임이다.
  - 던(과거의 일)
    예) 삼성전자(주)와 협력하**던** 업체는 세진전자(주)이다.

④ 율 / 률
  - 율(앞글자 **받침이 없거나, ㄴ**인 경우) : 비**율**, 출산**율**, 백분**율** 등
    예) 우리나라 **출산율**이 점점 더 떨어지고 있다.
  - 률(앞글자 **받침이 자음**인 경우) : 인상**률**, 실업**률**, 합격**률** 등
    예) 로켓발사 **성공률**은 선진국과 동등하다.

⑤ 결재 / 결제
  - 결재(승인) : 보고서 등 **결재**
    예) 과장님이 00계획서 **결재**를 안 하셔서 사업진행이 늦다.

- 결제(지불) : 공과금, 할부금 **결제**
  예) 전통시장에서 카드로 10만 원을 **결제**했다.

⑥ 연도 / 년도   *두음법칙
  - 연도(명사)
    예) 이번 **연도**, 해당 **연도**, 특정 **연도**
  - 년도(의존명사)
    예) 2024**년도**, 직전**년도**, 전**년도**, 차**년도**, 익**년도**

⑦ 데 / 대
  - 데(장소, 본인의 경험)
    예1) 요즘 학생들이 갈 만한 **데**가 어디 있을까요?(장소)
    예2) 부산에서 이 식당이 제일 맛있**데**!(본인의 경험)
  - 대(남한테 들은 말, 의문)
    예1) 그 영화 정말 재미없**대**!(남한테 들은 말)
    예2) 갑자기 날씨가 왜 이렇게 춥**대**?(의문)

⑧ 며칠 / 몇일 : 며칠이 맞고, 몇일은 틀린 말이다.
  - 며칠(○)
    예) 크루즈 선박은 한국에 **며칠** 간 머무를 계획이다.
    *단, **몇 월**, **몇 년**의 경우 "**몇**"으로 써야 한다.
  - 몇일(×)
    예) 크루즈 선박은 한국에 **몇일** 간 머무를 계획이다.

⑨ 생각 : **생각**은 한자로 生覺이 아닌 순수 우리말이다.
    예) 학생들의 **생각**을 제대로 전달해야 한다.

☐ 띄어쓰기

① 대로-
- 대로(조사) : 붙여 쓴다.
  예) 당초 **계획대로** 실행계획을 수립하여야 한다.
- 대로(의존명사) : 띄워 쓴다.
  예) 항상 하던 **대로** 하십시오!

② 만큼-
- 만큼(조사) : 붙여 쓴다.
  예) 하늘**만큼** 땅**만큼** 좋아해요
- 만큼(의존명사) : 띄워 쓴다.
  예) 자연은 아름다운 **만큼** 손도 많이 탄다.

③ 데-
- 데(조사) : 붙여 쓴다.
  예) 미모는 출중한**데** 품행이 바르지 않다.
- 데(의존명사, 장소) : 띄워 쓴다.
  예) 요즘 학생들이 갈 만한 **데**가 어디 있을까?

④ 밖-
- 밖(조사, ~뿐) : 붙여 쓴다.
  예) 뜻**밖**의 행운, 너**밖에** 없다, 가족**밖에** 없다
- 밖(명사, 바깥) : 띄워 쓴다.
  예) 학원 **밖**에 식당이 있다, **밖**에 사람이 모여 있다.

⑤ 뿐-
- 뿐(조사) : 붙여 쓴다.
  예) 직장에서**뿐만** 아니라 집에서도 잘 한다.
- 뿐(의존명사) : 띄워 쓴다.
  예) 옷도 잘 입을 **뿐만** 아니라 노래도 잘 한다.

⑥ 몇
　- 몇("수"를 나타내는 말과 어울릴 때) : 붙여 쓴다.
　　예) **몇몇**, **몇**십, **몇**백, **몇**천, **몇**만, **몇**백만, **몇**억
　- 몇(몇 하나만으로 관형어로 쓰일 때) : 띄워 쓴다.
　　예) **몇** 개, **몇** 마리, **몇** 송이

⑦ 지-
　- 지(의문형 어미) : 붙여 쓴다.
　　예) 친구네 집이 큰**지** 작은**지** 잘 모르겠다.
　- 지(시간을 나타내는 관형어가 수식하는 의존명사) : 띄워 쓴다.
　　예) 내가 대학교를 졸업한 **지** 얼마나 지났을까?

⑧ 시-
　- 시(명사, 합성어) : 붙여 쓴다.
　　예) 우리 회사는 비상**시**(평상**시**)에는 단합이 잘 된다.
　- 시(의존명사) : 띄워 쓴다.
　　예) 건축물 용도변경허가신청 **시**에는 구청 건축과로 문의 바랍니다.

3) 문서작성 팁(아래한글)

*한컴오피스 2024 기준

① **목차 만들기**(서식→문단모양→탭설정→탭종류→목차 문단선택→<Tab>)
  - 첫 번째 문단을 적용하면 그 다음 줄부터는 〈Tab〉 후 자동 작성됨

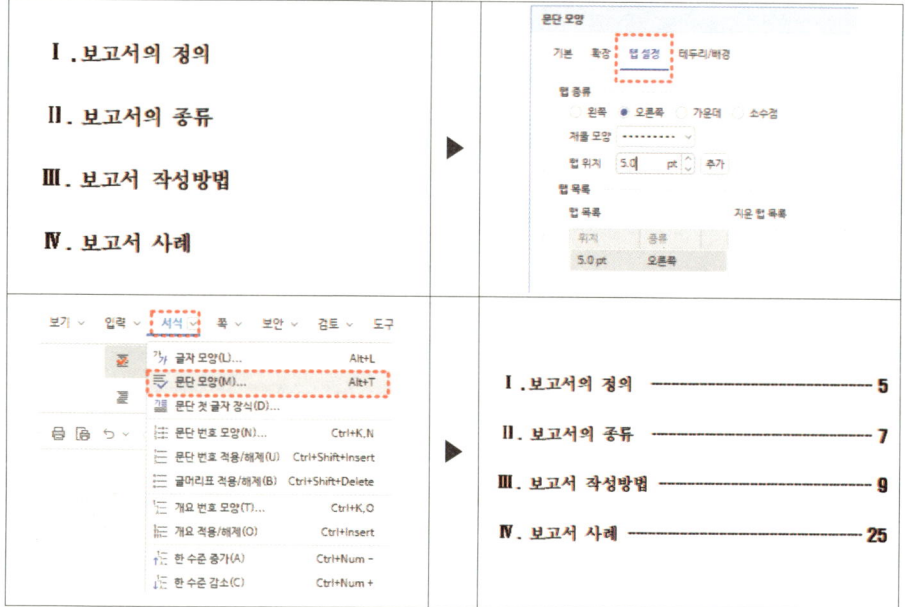

② **글자 "덧말 넣기"**[글자선택→입력→덧말넣기(위, 아래)]
  - **덧말넣기**는 아래한글 버전이 높아지며 추가된 유용한 기능

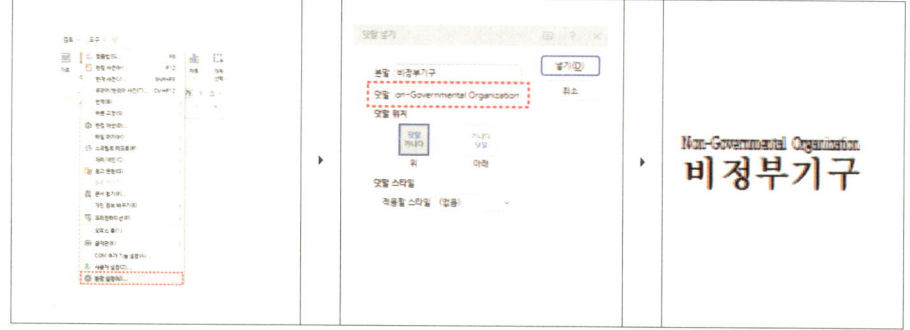

③ 표 안 "줄 맞추기"(도구→환경설정→"표 안에서<Tab>으로 셀 이동"해제 또는 Ctrl+Shift+tab)
- 일반적으로 윗줄과 아랫줄은 Shift+tab로 맞출 수 있으나 표 안에서는 적용되지 않는데, 이럴 경우 아래와 같이 환경설정을 하여 적용 가능

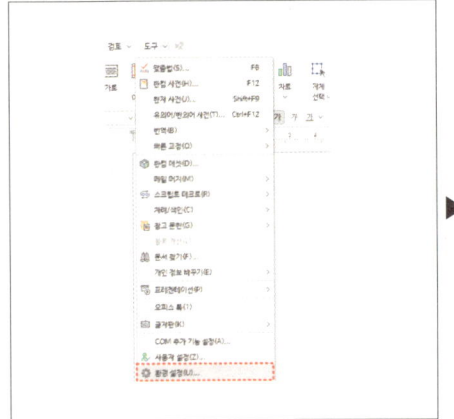 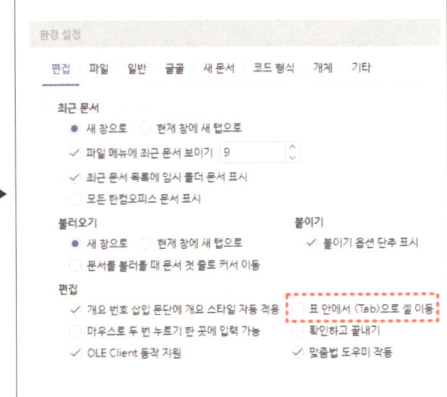

④ 그림파일 "용량줄이기"(그림→줄이기→용량줄이기→선택)
- 그림파일은 글자에 비해 용량이 매우 커 메일 전송이 잘 안 되는 경우가 있어, 그림의 용도와 크기에 맞게 최소한*으로 만들어 삽입(그림판, 포토샵 등 활용)
    * 그림용량이 큰 tiff, bmp, jpg보다는 상대적으로 작은 gif, png 등 사용
- 아래한글 상위버전에서는 전문 툴보다 편리한 아래와 같은 좋은 기능 제공

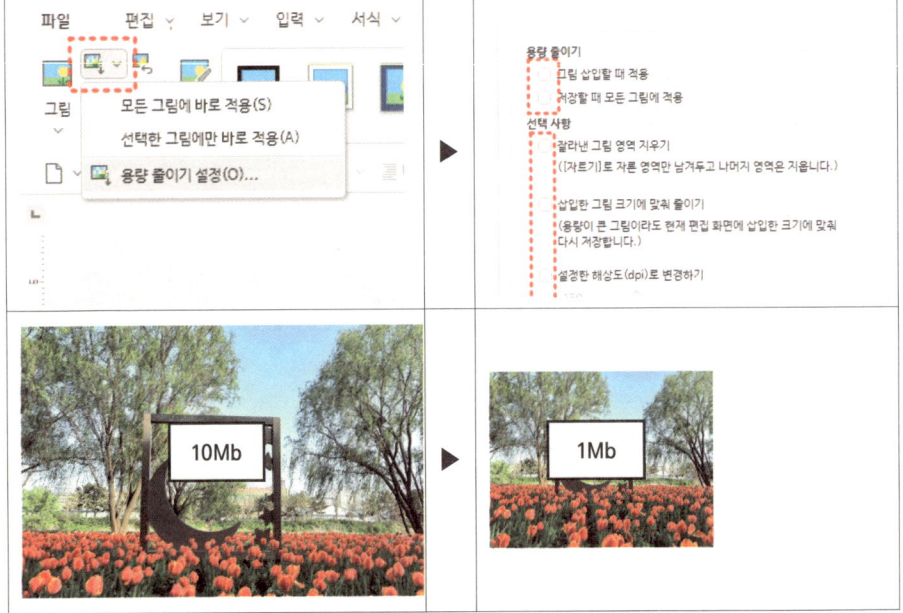

⑤ **표 붙이기**(표디자인 아이콘→표 붙이기)$^{Ctrl+N, Z}$ / **표 나누기**(표디자인 아이콘→표 나누기)$^{Ctrl+N, A}$

- 서로 다른 **표를 붙이고, 나누는 방법**으로 기존 Ctrl+C, Ctrl+V 외에 도구상자 우측의 '**표디자인 아이콘**'에서 **표 붙이기/ 표 나누기** 이용

  * 붙이기 할 때의 커서는 붙이려는 표의 아무 셀 위치에서나 가능하나, 나누기할 때의 커서 위치는 나누려는 표의 셀 위치에 두어야 함

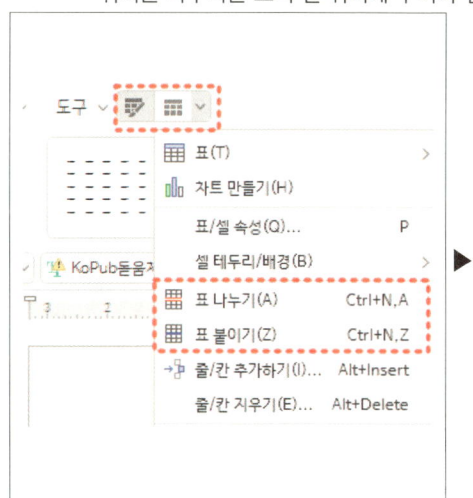

⑥ **표 뒤집기**

- 표 작성 중 **행과 열 등을 바꿔야 할 경우**가 있는데 짧은 시간 안에 표 뒤집기의 다양한 기능*을 활용하여 뒤집기를 할 수 있음

  * 줄/칸 기준 뒤집기, 시계/반시계 방향 90도, 180도 뒤집기

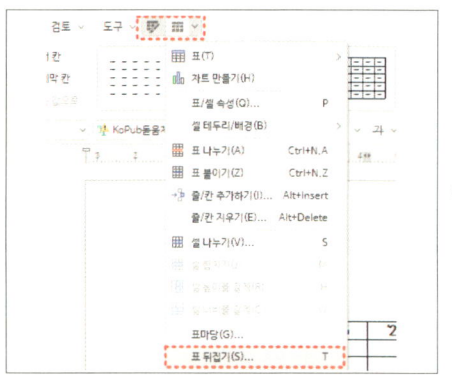 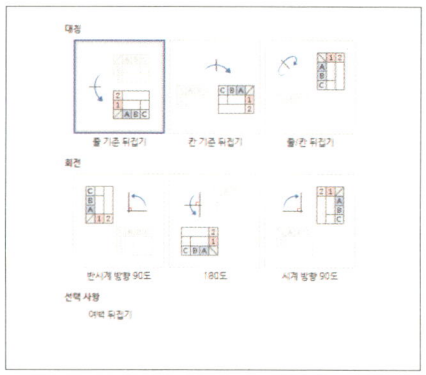

"새로운 시작은 기존 지식과 경험으로부터 비롯된다."